2000年前から
ローマの哲人は知っていた

怒らない方法

An Ancient Guide to Anger Management

セネカ
Seneca

ジェイムズ・ロム編
船山むつみ訳

文響社

はじめに

「あなたの怒りは一種の狂気だ。なんの価値もないことに、膨大な代償を払っているのだから」

——ルキウス・アナエウス・セネカ（小セネカ）は、紀元1世紀半ばにこう書き記している。

オクタウィアヌス（称号「アウグストゥス［尊厳ある者、の意］」）が導入した元首による独裁制が始まって4世代目のころのことだ。セネカは、表向きはこの言葉を兄のノウァートゥスに宛てて書いている。だが、実際にはローマのすべての読者に向けて書いた、といえるだろう。

この言葉は、現代のわたしたちの胸にも強く訴えかけてくる。**現代に生きるわたしたちは、歴史上のこれまでのどの時代の人々にもまして、怒りによって引き起こされた「狂気」に苦しめられているのだから。**

人はなぜ「怒る」のか？

セネカは怒りを**「価値判断の誤り」**と定義している。それがどういう意味か理解するためには、次のように考えてみるといいだろう。

最近、あなたがごくささいなことで、ものすごく頭にきたのはどんなときだっただろう？

無謀なドライバーが割り込んできて、あわてて急ブレーキを踏んだときだろうか？ それとも、列に並んでいる最中に、誰かがあなたの前に割り込んだときだろうか？ 駐車場でやっと見つけた駐車スペースを横取りされたとき、タクシーをつかまえようとしていたあなたの前に割り込んで乗り込んだ人がいたときだったかもしれない。

あなたはそんな人のせいで傷を負って……。いや、ケガはしていないはずだ。

それ以後、あなたは前より貧乏になって……。いやいや、そんなこともないはずだ。

あのとき、誰かがあなたに無礼なことをしたのは確かだ。

だが、それはそれほど重大なことだろうか？
地球の気候変動と同じくらいに？
あるいは、核戦争の脅威と同じくらいに？
あるいは、わたしたちの住む銀河系のどこかで、星々がブラックホールのなかに落ち込み、まわりの物体をすべて飲み込んでいるのと同じくらいに？

このように、**ありふれた物事をはかり知れないほど大きな物事と比べる**のは、セネカが自身の著作、特に本書のもとになっている『怒りについて（De Ira）』という随筆《エッセー》でよく使っていた手法だ。

セネカは読者の視点を変えたり、精神的なスケールを拡大させたりすることによって、**わたしたちが「怒りを感じる価値」があるのはいったいどんなことなのか、**と問いかけている。

自分が傷つけられたと感じたとき、激怒のもとになっているプライド、威厳、うぬぼれなどは、視点をズームアウトして、はるか彼方《かなた》から自分の人生全体の一部として見つめると、むなしいものに思えてくる。

イライラしない練習

「1歩後ろに下がってみよう。そうすれば、笑えるから」（第3巻37）と、セネカは書いている。

セネカにとって知恵の偉大な手本だった先人たち、古代ギリシアで最も尊敬されていた賢人ソクラテスや、ローマでセネカより1世紀前の元老院議員小カトー（マルクス・ポルキウス・カトー・ウティケンシス）は、この随筆のなかで、たとえぴしゃりとひっぱたかれたり、小突きまわされたり、頭を殴られたりしても、怒りを表に出さない人、あるいはぜんぜん感じてさえいない人のように書かれている。

セネカの考えによれば、あなたの車の優先通行権が侵害されたとしても、それはたいしたことではない。しかし**「それに対してあなたがどういう反応をしたか」は非常に重要なことだ。**

あなたが路上で瞬間的に激怒し、相手のドライバーにクラクションを鳴らしてやりたい、痛い目にあわせてやりたい、殺してやりたいと思ったとすれば、あなたの精神や理性の主導権さえおびやかされかねない、非常に危険な兆候といえる。

正しい選択や、道徳にかなった行動をする能力が危険にさらされているからだ。

怒りは、ほかのどんな感情にもまして、あなた自身の精神を危険にさらす。

セネカの考えでは、怒りとは、あらゆる感情のなかで最も激しく、破壊的で、抵抗できないものなのだ。

それはまるで、崖から飛び降りるかのごとく、**ひとたび怒りに主導権を奪われれば、もう落下を止めることはできなくなる。**

健康的な精神を保ちたいなら、怒りを手放さなければならない。

さもなければ、怒りはけっしてわたしたちを放してはくれないのだから。

「怒りの暴君」から学んだこと

怒りがどんな危険を招くか、セネカは自らの経験を通して痛いほどに思い知らされていた。

『怒りについて』を書き始めるまで、彼はローマの元老院の議員という立場から、時の独裁者カリグラの4年間の暴虐ぶりをつぶさに目撃していたのだ。
（カリグラの残忍さは妄想症《パラノイア》や嗜虐症《サディズム》によるものという考え方もある。しかし、セネカは『怒りについて』のなかで自説を展開するとき、この暴君の残忍さをすべて「怒り」という言葉でまとめている）

カリグラの存在は『怒りについて』という作品の上にも大きな影を落としている。はっきりと名指しで出てくることもあれば、拷問の道具や、火刑や、剣による戦い、内乱と結びつけて、怒りを語るときに暗に彼をほのめかしている場合もある。**抑えられない怒りが、一人ひとりの魂、そしてローマという国家全体に、どれほどの高い代償を要求するのか、セネカはカリグラの悪夢のような治世から学んだ**のだ。

「古代の哲人」は答えを知っている

哲学者であり、道徳についての随筆家である人物が元老院の議員もつとめたのはローマでは珍しいことだったが、実際、セネカはまったく非凡な人物だった。

若いころは、ギリシア発祥の思想で、自制心や、神が定めた論理《ロゴス》に従うことを重んじたストア派の学者たちを師として学んだ。

セネカはその後もストア派の哲学者であり続けたが、伝統的なストア派哲学者とは一線を画していた。

熟練の作家でもあるセネカは、さまざまな哲学の伝統的な文言を引用しつつ、**理論だけを述べることは避け、巧みな文章によって実践的な倫理学を語ることを重視**した。

『怒りについて』もまさにそのような作品だ。明らかにストア派の行動規範に根ざしているのは、この作品のごく一部（主に前半）に限られている。

本書はこの作品の後半を中心に取り上げているが、そこでは**怒りという問題に、より実際的に対処する**ことを目指しており、ごく身近な例を挙げながら「スケジュールをつめ込み過ぎてはいけない」とか「失敗する可能性の高い仕事は引き受けないほうがいい」とわたしたちに助言してくれている。

セネカは――作品に出てくる自己紹介によると――内省的で、内向的な人物だった。後ほど引用する文章によれば（143ページ／第3巻36）、彼は毎夜、静かな寝室でまるで禅のような瞑想《めいそう》をおこない、自らの倫理的な選択が正しかったかどうか振り返っていた、と書かれている。

一方で、彼が権力の近くにいることを楽しみ、ローマの政界でおおいに駆け引きをおこなっていたこと、そして、時には破滅的な結末に至ったこともわかっている。

随筆『怒りについて』はこうして生まれた

セネカは30代のときにローマの元老院議員になり〝独創的で説得力のある演説家〟という評判を得ていた。

しかし、この雄弁さゆえに、カリグラは彼に嫉妬した。**皇帝は何度もセネカを殺害しようと考えた**と伝えられている（しかし、実行に移す前に、皇帝自身が暗殺された）。

カリグラの後継者クラウディウスの時代にも、セネカは皇帝から疑われ、コルシカ島に追放された。

皇帝の妹のうちの1人と不義の関係にあったという疑いをかけられたのだが、おそらく単なる口実だったと考えられている。『怒りについて』を書き始めたのは、こうして追放されていたころかもしれない。

コルシカ島で8年を過ごし、政治生命もほとんど絶たれたと思われた紀元49年、セネカはローマに呼び戻された。

そこでは重要な任務が彼を待っていた。クラウディウスの養子で後継者ともくされていた13歳のネロの教師になることだ。

カリグラの別の妹で、クラウディウスの新しい妻でもあるアグリッピナの支援によって、セネカはそれまで以上に影響力をもち、そして、裕福にもなった。

『怒りについて』を完成させたのは、おそらくそのころだろうと考えられている。

(正確な日付がいつかということになると、セネカはこの文章を兄のノウァートゥスに宛てて書いているのだが、その兄が紀元52年の後半から紀元53年の前半に名前をガッリオーと変えているので、それより前のはずだということしか、わかっていない)

もしかすると、この文章は著者セネカのローマへの帰還を大々的に宣言するため、そして、ふたたび皇帝の側近となった男の人間性《ヒューマニティー》を宣伝するために、当時のローマでおおいに回覧されたのかもしれない。

——ちょうど、現代の政治家が大統領選挙に出馬する前に回想録を出版するのと同じように。

何が〝怪物〟と〝聖人〟を分けるのか？

「人間性」とは、人間のもつ寛大さのことであり、『怒りについて』の基調にもなっている言葉だ。

怒りの衝動（セネカはそれを「人に罰を与えたいという欲望」と定義している）と戦うためには、わたしたち人間にはどれだけの共通点があるかを思い出すべきだ、とセネカは述べている。

共通点――すなわち**「人を許す気持ち」**だ。

人間の99・9％は、カリグラのような〝怪物〟とソクラテスのような〝聖人〟の中間にいる存在だ。全員が罪人ではあるが、寛大に許されるに値《あたい》する。

セネカ自身、この随筆の情熱のこもった終盤で「お互いにもっとやさしくなろう」と強く勧めている。

「我々は皆悪い人間のなかで生きている悪い人間にすぎないのだから、わたしたちに平和をもたらすのはただ1つ、お互いに寛大になると約束することだけだ」と。

社会契約の基本となっている「人間は誰もが過ちを犯すものだ」というテーマは、セネカの著作に繰り返しあらわれるが、この『怒りについて』の終盤では特にはっきりと、気高く表現されている。

セネカ自身もまた「怒り」の犠牲者だった

セネカは著作のなかで、そのすばらしい文章力を発揮してみせた。時にはグロテスクで残酷な話でぞっとさせたかと思うと、慈悲の心を説いて読者の気持ちを高揚させ、最後には死の不安を感じさせる。

誰にでも必ず訪れる死への恐怖は彼の心から生涯離れることがなかった。セネカは誘惑的とも評された独特の散文のスタイルを用いており、本書ではそのすべてを紹介してはいないが、読む人は皆、その一言ひとことに耳を傾けずにはいられない（本書では、彼の『怒りについて』の3分の1たらずを紹介している）。

セネカ自身は最後、彼がしずめることのできなかった怒りの犠牲となって死んだ。

15年以上もセネカの生徒だった皇帝ネロは、紀元60年代半ばには少しずつ精神が不安定になり、妄想症的になっていった。**恐ろしいカリグラの時代さながらに「皇帝の怒り」が頭をもたげてきた**のだ。

セネカはありもしない証拠をでっちあげられ、暗殺計画に関与したとされて、紀元65年に自殺を強いられた。

2000年語り継がれてきた「人類の知恵」

セネカの人生がこうも複雑であったこと、そして、著作の量が非常に多かったことから、今日では彼の作品は、同じストア派で後に偉大な哲学者となるエピクテトスや、マルクス・アウレリウス・アントニヌスに比べると、あまり読まれてはいない。

それでも、**セネカの思想はその後も人々のインスピレーションの源であり続け、道徳的な目覚めへの道しるべとなっている。**

20世紀半ばには心理学者アルバート・エリスが、セネカなどストア派の思想を参考にして「理性感情行動療法」と呼ばれる心理療法を生み出した。

その後、哲学者ミシェル・フーコーは、セネカが毎日、内省の時間をもったことにならって「自己への配慮」を提唱した。

このようなモデルによって、古代のストア派哲学は今も、夜、静かな寝室で日々の苦しみに対する癒しを求めるわたしたちを助けてくれている。

セネカは皇帝ネロの時代のローマのエリートだけのために『怒りについて』を書いたのではない。むしろ、**あらゆる時代のあらゆる人々のために書いた**に違いない。

そこからエッセンスとなるアドバイスを抽出した本書もまた、同じ考えにもとづいている。

怒りがはびこる今の時代に、2000年近くも前の時代を生きたセネカが、わたしたちに教えてくれることとはいったい何だろうか？

どうかそれを、本書を通じて体感してみてほしい。

2000年前からローマの哲人は知っていた　怒らない方法

目次

CONTENTS

第2巻 怒らない方法

第3巻

怒りをコントロールする

「怒り」とは何か

第1巻

セネカは随筆『怒りについて』を、兄のノウァートゥスに宛てた手紙の体裁で書き記した。

兄ノウァートゥスもセネカと同様、政治の世界で活躍し、元老院議員になった人物だ。

（ノウァートゥスは後に裕福な支援者の養子になってその名を引き継ぎ、ガッリオーと名乗るようになった。ガッリオーはその後、新約聖書の使徒言行録に、ローマ帝国のギリシア総督として、また、コリントの使徒パウロと関わった人物として登場している）

しかし、セネカが『怒りについて』を兄1人に宛てた形式で書いたのはあくまでもフィクションだ。

彼は『怒りについて』をローマのすべてのエリートたちに読んでもらうべく書いた。そして今では、その文章を通じて、現代を生きるわたしたちにも話しかけている。

感情のなかで最も恐ろしいもの

ノウァートゥス兄さん、兄さんはわたしに、どうしたら怒りをやわらげることができるか、書いてほしいと言ったね。

兄さんは、怒りは人の感情のなかで最も恐ろしいものだと言ったけれど、それはまったく正しいと思う。

怒りは人の感情のなかで、最も醜く、最も凶暴なものだ。

ほかの感情は、それ自体のなかにいくぶんかの安らぎと静けさを含んでいる。だが、怒りは違う。激しい動揺と混乱のなかで、人間らしさのまったくない欲望に荒れ狂い、苦しみと武器と血と拷問を求める。

その欲望は他人を傷つけるまでやむことはない。しかも、自分の幸福をも捨て去らせる。

怒りに駆られると、人は性急に武器に頼り、復讐《ふくしゅう》せずにはいられなくなる。だが、復讐する者もまた、倒れることになる。

賢人のなかには、怒りを**「短時間の狂気」**と呼んだ人もいた。

狂気にとらわれた人は、狂気を抑制することができない。礼儀を忘れ、友情もどうでもよくなり、始めてしまったことを意地でも終わらせずにはいられなくなる。理性や助言に耳を傾けられなくなり、くだらない挑発に心を乱され、何が正しく、何が真実か、区別することができなくなってしまう。

まさに倒壊する建物さながらに、ひとたびばらばらになれば、あとは潰れていく一方だ。

怒りほど人を醜く見せるものはない

怒りに駆られている人々の様子を観察すれば、彼らが「正気でない」ことがわかるだろう。

たとえば精神が錯乱している人がいたとしよう。その状態は見た目にも明らかだ。彼は不快な空気を漂わせ、脅迫的で、不幸せな表情をしている。額に皺《しわ》をよせ、落ち着きのない歩き方をして、手は神経質に動き、肌の色も変わり、呼吸は速く荒くなっている。

怒っている人たちもこれと同じで、その兆候は簡単に見てとれる。目は燃えるようにギラギラ光り、心臓から血が上って顔全体が赤くなり、唇が震え、歯ぎしりし、髪の毛が逆立ち、呼吸は苦しそうだ。手足の関節を鳴らして、ため息をつき、うなり、話す途中で理解できない音が混じり、両手を互いに打ちつけたり、足をドンドンと踏み鳴らしたりして、体の全体が興奮した状態で「怒りの恐ろしさを見せつけている[1]」。

それはまったく見るにたえない有り様で、実に不愉快なものだ。怒りにとりつかれた人はねじ曲がり、腫れ上がっている。「憎たらしい」と「醜い」、いったいどちらの言葉がふさわしいか、決めかねるくらいだ。ほかの感情であれば、隠すこともできるし、心のなかで密《ひそ》かに育《はぐく》むこともできるだろう。

しかし、**怒りは自ら姿を露《あら》わにし、表情に出てくる。怒りは、その程度がひどければひどいほど、あからさまに煮えたぎる。**

1）韻律と口調から判断するに、この部分は失われた悲劇の脚本の一部だと考えられる。

どんな動物でも、相手に害を与えようとするときには、まず攻撃のサインを送ってから、攻撃を始める。

動物の体がいつもの落ち着きを失い、野生の牙をむくのをあなたも見たことがあるだろう。

イノシシは口に泡を吹き、牙をこすって鋭く研ぐ。雄牛はひづめをかいて砂をまき散らし、空中に角を突き上げる。ライオンはうなり、つつかれた蛇は首をもたげ、狂犬病にかかった犬の顔はあまりにも苦しそうで見るにたえない。

どんな動物でも、怒りを感じるやいなや、新たな残虐性があらわれる。それを平気で隠しておけるほど、恐ろしく有害な動物はいない。

もちろん、ほかの感情にしても、隠しておくのは難しい。欲望や恐れ、勇猛さも表にあらわれ、目に見えることがある。

人の心に入ってくる激しい感情で、わたしたちの表情をまったく変えない感情はないといってもよいだろう。

だが、それらの感情と怒りはいったい何が違うのだろう?

……違いはこうだ。
ほかの感情も人の目には映っているかもしれない。しかし、怒りは圧倒的にそびえ立っているのだ。

怒りが人類の歴史に「悲劇」をもたらした

【第1巻2】

怒りを抱いた結果、それがもたらす害がどれほど大きいものかを知りたいという人がいるなら、わたしは次のように伝えたい。

「いかなる災厄であっても、怒りほどひどい損害を人類に与えたものはない」

わたしたちは目の当たりにしてきたはずだ。まさに怒りによって大虐殺がおこなわれ、毒薬が使われ、訴訟当事者たちが中傷合戦を繰り広げるのを。

都市は破壊され、いくつもの民族が絶滅させられる。指導者の命が公開の競りにかけられ、[2] 建築物に松明《たいまつ》で火がつけられる。炎は壁の内側だけではなく、敵の軍隊に

2）ここで言及しているのは、戦争捕虜を奴隷にすることだと思われるが、同時にユリウス・クラウディウス朝の皇帝たちがおこなった財産の没収のことも暗示しているようだ（「命」と「私有地」の両方の意味をもつ「capita」という語が使われている）。

よって広大な領地に広げられて燃え輝く。[3]
最も気高い諸都市のなかには、今となってはその礎石さえ見当たらない都市もある。怒りがそれを覆《くつがえ》したからだ。
住む者とてない荒れ地がどこまでも続いている。怒りがその土地からすべてをはぎ取ったからだ。

あなたの記憶に残っている、悲運にみまわれた指導者たちを思い出してみるといい。ある人は自らの寝台で怒れる者に刺され、ある人は神聖な儀式の食事のテーブルで怒れる者に襲われた。
裁判官たちや、広場をにぎわす群集が見つめるなかで、怒れる者にずたずたにされ、殺された人たちもいる。
まさに怒りのせいで、息子の親殺しによって血を流した者もいれば、その高貴な首を奴隷の手に持たせる結果になった者もいるし、十字架の上に手足を広げることになった者もいる。

(古代ローマ帝国では磔《はりつけ》の刑が一般的におこなわれていた。イエス・キリストが十字架にかけられたのは、セネカが『怒りについて』を書き始めるおよそ10年前のことで、このころ、キリスト教はローマではまったく、あるいはほとんど知られていなかった)

だが、これらは皆、個人に対する拷問にすぎない。

怒りの炎が一人ひとりを焼け焦がしているその向こうでは、議会に集まった人々が剣でたたき切られ、派遣された兵士たちによって暴徒が切り刻まれ、人々が死刑宣告を受けて無差別に虐殺されているのが見えるだろう。

伝えられているラテン語のテキストでは、この後の文が抜けている。

このテキスト以外から得られる情報によれば、セネカはこの抜けている部分で、怒りとは「実際に自分に対して悪い行いをした者、あるいは自分に対して悪い行いをしたと思い込んでしまった者に対して、罰を与えたいという欲望」だと定義しているようだ。

このような怒りの定義は、セネカが後に展開する「どうすれば怒りを防ぐことができるか」あるいは「怒りをやわらげることができるか」という議論で重要な意味をもつこ

3) セネカはここで、包囲する軍隊の松明や野営の火をイメージしている。

とになる。

怒りがあなたを「奴隷」にする

［第1巻7］

怒りが不自然なものであったとしても、役に立つのであれば、われわれはそれを利用するべきではないか——そうあなたは思うかもしれない。

あるいは、こうも言うかもしれない。

「なんといっても、怒りは気持ちを高揚させ、拍車をかける働きをする。怒りというものがなかったら、たとえ勇気をもっていても、軍事的な成功は成し遂げられないだろう」と。

これはおそらく、怒りの炎がわたしたちの心の底に焚《た》きつけられてこそ、それが勇敢な者たちを突き動かし、危険のなかへと駆り立てるからだろう。

怒りを拒絶するのではなく、うまく加減し、健全な方法に従わせることに価値がある、と考えるからだ。

「怒りがあふれ出てしまわないようにうまく抑えておけばいい。その程度の怒りがあってこそ、行動は弱々しいものにならず、気力とエネルギーが消え去ることもない」というわけだ。

けれども、害のあるものを抑制するくらいなら、最初から締め出したほうが楽ではないか。**怒りがわたしたちのなかに入ってきてしまってから、うまく加減しようと努めるより、最初から入ってこないように拒絶するほうが簡単だ。**

怒りがひとたびわたしたちのなかに住み着いてしまったら、本来の監督者[4]よりも大きな力をもってしまい、小さくすることも、軽くすることもできなくなってしまう。理性が人間の手綱を強力に握っていられるのは、感情から離れていられるあいだだけだ。

もし、理性が感情とまじり合い、感情に侵されてしまったら、本来なら拒絶できた

4）ここで「監督者」（overseer）と言っているのは「理性」（reason）のことで、それはこの後さらに明白にされる。英語の訳文では「Reason」と、理性の能力に重きを置いていることが大文字で強調されている。ストア派の哲学者たちは、理性は人間の性質のなかでも神から授かったすばらしい要素であり、より大きな、宇宙を支配する理性によって与えられたものであると考えていた。

はずのものも抑えることさえできなくなってしまう。

精神は揺すぶられたり、ひっくり返されたりすると、自らを駆り立てるものの「奴隷」になってしまうのだ。

場合によっては、最初のうちわたしたち自身が支配していたはずだったものが、その後の勢いに引きずられ、なりゆきで後戻りできなくなってしまうこともある——体が落下していくとき、自分ではもうどうすることもできず、落下を止めることも、その速度を落とすこともできないように。

どんな考えも、後悔も、止めることのできない急速な落下によって断ち切られ、本来は行かなくてもすんだはずの場所に墜落してしまう。

それと同じように、心が怒りや、愛や、そのほかの感情に身を任せてしまったら、その勢いを抑えることはほぼ不可能だ。

心は自らの重さや、低いほうへ傾斜していく悪徳の本性に捕らえられ、どん底まで引きずり落とされてしまう。

［第1巻8］

だから、怒りをほんのちょっとでも感じたら、即座にそれを拒絶して、怒りの芽を踏みつぶし、怒りに引きずり込まれないようにするのが一番いい。

なぜなら、怒りによって道を踏みはずしてしまったが最後、健全で安全な場所に戻るのは困難になるからだ。

感情が入り込んできて力を得てしまったら、理性はもうどうすることもできなくなる。そこから先は、感情がわたしたちの許可も求めずに、欲するままのことをするだろう。

そうだとも、**〝敵〟は一番外側の境界線で撃退しなければならない。**

いったん内部に入って、門を通り抜けてしまったら、敵は捕虜を取り、どんな取引条件にも応じなくなる。

心はもはや、感情と別のものではなくなっている。感情から距離を置くことも、感情が行き過ぎないように抑えることもできなくなっている。

心は弱くなって、敵に売り渡され、それ自体が感情に変わってしまう。

心はもともと頼りになるものだったのに、健全な力を回復することができなくなっている。

怒りは「強い心」からは生まれない

［第1巻12］

「それなら、まさか、こういうことなのか？」という声が聞こえてきた。[5]
「よい人は怒らないのか？　たとえ、目の前で父親が殺され、母親が暴行されても？」

――そう、彼はきっと怒らないだろう。怒らないが、父母の復讐をし、父母を守るだろう。

しかし、怒りがなく義務感だけだったら、十分な気力を保てないだろう、とあなたは心配するかもしれない。また、あなたはこうも言うかもしれない。
「それなら、どうだ。目の前で彼の父親が、あるいは彼の息子がばらばらに切り刻まれたら、よい人は泣かないのか？　気を失いはしないのか？」

わたしの答えはこうだ。

よい人はただ自分の義務を遂行する。恐れることなく、動揺することもなく。よい人にふさわしい行動をとり、ふさわしくないことはしないだろう。父親が殺されそうだったら、父親を守るだろう。父親が殺されてしまったら、仇《かたき》をとるだろう。

それが正しいことだから、そうするのだ。悲しみにくれて、そうするのではない。

肉親のために怒るのは弱い心であって、肉親に対する忠実さではない。義務の精神に導かれて、親、子、友人の守り手として行動することこそ、気高く、尊敬に値する。怒りの感情に突き動かされてではなく、自ら望んで、懸命に、将来への展望をもって、そうすることだ。

怒りほど、復讐を強く求める感情はない。だが、まさにそれゆえにこそ、怒りは復讐する者にふさわしくない。

怒りはすべての欲望と同様に、軽率で不注意だ。だから、目的に向かって焦るあまり、自らの妨げとなってしまう。

5）セネカの随筆は「対話《ダイアローグ》」と呼ばれることがある。この例のように、主な話し手の声を中断して、反論したり、異議を唱えたりする無名の人物が登場するからだ。

（この箇所と関連して展開されるラテン語の文章は、本書への引用では省略してあるが、女性に対する非常に強い偏見を含んでいる。

　セネカは、時折触れる「精神的な弱さ」は概して女性によくみられるものだと主張する。その部分を削除することは、セネカの、いや、ローマ時代の著作家一般にみられる性差別意識をごまかしてしまう危険がある。彼らのほとんどは男性であり、彼らは男性に向けてものを書いていた。

　このシリーズの編者は、ここでストア派の原則の1つである普遍性を強調することが適切だと考え、セネカによるアドバイスを実行に移すことにする。つまり「すべてを見聞きすることが、あなたの利益になるわけではない（第3巻11で後述）」というものだ。

　同じ理由から、セネカが想定した読者との議論や、例として使用している男性単数の代名詞は、本書では何か所か性別の関係ない複数形に変えている。とはいえ、やはり注意しておく必要があるだろう。セネカはこの作品でも、ほかのすべての著作でも、自分の考える倫理的な模範《ロール・モデル》を「ローマの男」と想定している）

［第1巻15］

罰[6]を与える者にとっても、怒りはふさわしくない。罰は健全な判断によって与えられてこそ、矯正の役に立つのだから。


だから、ソクラテスは彼の奴隷にこう言ったことがあるそうだ。

「わたしが怒っていなかったら、おまえを打ちのめすところだ」

ソクラテスは奴隷に罰を与えるのを、自分の怒りがおさまって冷静になるまで延期した。そして、冷静になったときには、自分を叱責した。

感情をほどよい程度に保てる人などいるはずがない。だからこそ、あのソクラテスでさえ、怒りに身を任せようとはしなかったのだ。

［第1巻20］

わたしたちは、怒りが何か偉大なものの役に立つ、などと考えるべきではない。偉大なもののように思われたとしても、それはけっして偉大なものではない。それはただ病気のように、不健康な液体が体内で過剰になって膨れ上がっているだけだ。

それは「成長」などではなく、有毒な液体の氾濫でしかない。

狂気によって、人間らしい考えを超えて夢中になってしまった者は誰でも、自分はどこか、高尚で卓越したところに達していると信じてしまう。

だが、下を見れば安定した足場はない。基礎もなしに膨れ上がったものは、必ずや

6）ラテン語の「irrogata」。19世紀デンマークの古典研究家マズヴィグによる修正。

滑り落ちて崩壊する。

怒りは頼りとなるものをもたない。怒りはしっかりしたものや、長続きするものからは生まれないからだ。

「怒り」と「偉大さ」の関係

「そうは言うがね、偉大な精神から発したように聞こえる言葉は、怒れる人々が発した言葉ではないのか？」とあなたは言うかもしれない。

それは違う。そんなことは、真の偉大さとはどういうことか、理解していない人が言うことだ。

「憎ませておけ、やつらが恐れている限りは」[7]という、あの恐ろしく、憎しみに満ちた言い方をした人物も、それを理解していなかったのだ。

あなたは、この言葉が偉大な精神によって発せられたと思うのか？

だとすれば、それは間違っている。これは偉大さから発せられた言葉ではない。

〝怪物〟が発した言葉だ。

怒っている者の言葉を信じてはいけない。その声は大きく、脅すように話すが、その陰にあるのは臆病な心だ。

最も博学な歴史家であるティトゥス・リウィウスはその著作のなかで、ある人物のことを「よい性質の人というわけではなく、むしろ偉大な人」[8]と言っているが、この言い方は間違っていると思う。**よい性質であることと、偉大な人であることは切り離せない**からだ。偉大な人であるというなら、その人の性質は善であるはずだし、そうでないなら、その人は偉大な人ではない。

偉大な魂というのは揺るぎないものだ。芯からしっかりしており、底から正しく堅固なので、怒りのような悪の性質のなかに存在できるはずはない。恐ろしいもの、不穏なもの、死をもたらすものも確かに存在しているが、これらの

7）ローマの初期の悲劇に出てくるセリフ。カリグラが引用したといわれている。この部分の後で、セネカははっきりと名指しでカリグラに言及している（セネカは本名のガイウス・カエサルと呼んでいるが、本書では、より知られているカリグラという名前を使った）。
8）この表現は、現存しているリウィウスの著作のなかでは見つからない。

ものが偉大さを備えていることはありえない。**偉大さの基礎は、強さと善良さ**なのだから。

怒れる者たちは言葉巧みに外見を飾り、偉大さの〝幻影〟を見せようと努める。彼らは、偉大な精神をもつ人だとあなたがきっと誤解してしまうようなことを叫ぶだろう。ちょうど、カリグラがそうだったように。

カリグラは天に向かって怒った。

天からの轟音《ごうおん》によって、パントマイムが中断されたからだ（彼はパントマイムを見ているより、真似《まね》をするほうが好きだった）。そして、稲妻が彼の馬鹿騒ぎに水を差したからだ（落雷は、残念ながら彼に当たりもしなかった）。

彼は天の神ユピテルに戦いを挑んだ。それでも、雷雨がやまないと、ホメロスの有名なセリフを叫んだものだ。

「俺を放り投げてみろ。でなければ、俺がおまえを放り投げるぞ」[9]

なんという狂気だろう。カリグラは、ユピテル神でさえも自分を傷つけることはできないと思っていたのか。それとも、自分はユピテル神さえも傷つけることができると思っていたのだろうか。

彼のこの発言は、皇帝暗殺の計画を立てていた者たちの決意を鼓舞する結果になったはずだ。[10] ユピテル神に我慢ができないような男の横暴を耐え忍ぶことこそ、荷が重すぎたからだ。

“幻影”にだまされてはいけない

もうおわかりかと思うが、**怒りには、いかなる偉大さも、高貴さもない。**怒りがどんなに大胆に映り、人間たちと神々の両方を軽蔑しているようにみえても、だ。

［第1巻21］

怒りが精神の偉大さを生み出すというのであれば、贅沢《ぜいたく》だってそうだということに

9) アイアスとオデュッセウスが英雄アキレウスの鎧《よろい》を巡って戦ったとき、アイアスがオデュッセウスに投げつけた言葉。叙事詩『イーリアス』第23巻724（セネカはギリシア語で引用している）。
10) カリグラは紀元41年、元老院議員たちと護衛兵たちの陰謀によって暗殺された。

なる。
贅沢な者たちは象牙に寄りかかり、紫の衣装をまとい、金に覆われ、土地を動かし、海をせき止め、川を滝に変え、空中に森を作るのを好むからだ。[11]
それに貪欲さもまた、偉大な精神から生まれるようにみえるかもしれない。
貪欲な者たちは、金と銀の積み重なる上に寝そべり、「属州」と呼ばれる土地を支配し、かつては執政官《コンスル》たちが任命されて管理していたよりももっと広い地所を、たった1人の管理人の下で所有するからだ。[12]
欲望さえも、偉大な精神から生まれるようにみえるかもしれない。
欲望の強い者たちは海峡を越えて泳ぎ、大勢の少年たちを去勢し、[13]死をも厭《いと》わず夫の剣（で抵抗しようとする女性）の下におもむく……。
彼らがたとえどんなに遠くまで行ったとしても、どこまで大きく広がったとしても、しょせんは小さく、劣った、卑しいものにすぎない。

崇高で気高いのは徳だけだ。

どんなものであれ、心安らかでなければ、偉大なものとはいえない。

11）ローマのエリートたちは、家の屋根の上に木を植えることがあった。

12）セネカの時代の行政機構では、元老院から任命された属州総督《プロコンスル》が帝国の広大な領土の統治にあたった。

13）王の妻たちに仕え、ハーレムを守る宦官《かんがん》にするためだ。

怒らない方法

第2巻

ここまで、セネカは怒りを抽象的に論じながら、怒りの定義や性質を語ってきた。

しかし、この作品の後半では、どうしたら怒りに支配されずにすむか、もし、怒りに支配されてしまったら、どのようにそれを管理することができるかなど、より実際的な議論をしていく。

まず、子どもが将来、怒りやすい大人にならないようにするには、どのように子育てをするべきか、親へのアドバイスから始めている。

怒りに対処する2つのアプローチ

［第2巻18］

ここまで、怒りのもたらす結果にまつわる問題を検討してきたが、今度はその〝治療法〟に移ることにしよう。

まずは、大きく2つあるとわたしは考える。

1つめは、怒りの状態に陥《おちい》らないようにすること。

そして**2つめは、そうなってしまったら、怒りのせいで過ちを犯さないこと**だ。

体への配慮について考えてみても、健康を維持するための療法もあれば、健康を回復するための療法もある。だからそれと同じように**「怒りを避ける」ための療法と「怒りを抑える」ための療法**を用いるべきだろう。

①「怒りを避ける」ための療法

まず、どうやって怒りを避けるかだが、人生全体に関わるいろいろな教えに従って

「子どもを育てる時期」と「その後」に分けて考えてみよう。

もちろん、子育てには大変な努力が必要だ。そして、その努力は非常に大きな恩恵を返してくれる。子どもたちの柔軟な心を形づくるのはたやすいことだが、成長したわたしたちの心に根を張ってしまったものを取り除くのは難しい。

「怒らない子ども」はどうすれば育つ？

［第２巻21］

あらためて、わたしはこう強調しておきたい。

「子どもたちを健全な方法で育てれば、それに見合った大きな恩恵が得られる」と。

もちろん、それは簡単ではない過程だ。子どもたちのなかに怒りを育まないように、また、彼らが生まれつきもっている素質を鈍らせることのないように、努力しなくてはならない。注意深く観察しなくてはならない。


養ってやらなければならないものも、抑えつけなければならないものも、似たようなものによって育まれる。よく似ているからこそ、注意深く観察しても、簡単に騙《だま》されてしまいがちだ。

精神は自由を許されれば花開き、服従を強いられれば縮こまる。褒められれば大きく伸び、自らを高く評価するようになる。

だが、自由を許し、褒めることで、傲慢さと怒りやすさも生じてくる。

わたしたちは、時には手綱を引き、時には子どもを刺激してやる気にさせ、中道を進ませるようにしなくてはならない。

子どもたちの精神がみすぼらしさや、卑屈さに触れないようにしなければならない。懇願するようなやり方で物をせがむことはさせてはならないし、そうすることで得をさせてもならない。

それよりむしろ、**子どもたちの状況に応じて、子どもたちがしたよいこと、これからすると約束したよいことを認め、評価してやろう。**

子どもたちが、ほかの子どもたちとの競争ですっかりくじけてしまったり、怒ったりすることがないようにしよう。

子どもたちが競争相手と親しくなって、いつも相手に勝ちたいという思いをもてるように、しかし同時に、相手を傷つけたいなどとは思わないように、気を配ろう。

子どもたちが勝ったり、褒め言葉に値することをやったりしたときには、自分自身を誇りに思えるような言葉をかけてあげるといい。

ただし、自慢するようになってはいけない。

そうなると、喜んだ後には舞い上がり、舞い上がった後には思い上がって、自分を過大評価するようになってしまうからだ。

「恵まれている者」ほど怒りやすくなる理由

子どもたちにはある程度の楽しみを与えてやるべきだが、野放しにして怠惰に過ごさせてはならない。

子どもたちを快楽の悪影響から遠ざけておこう。

甘やかされ、へつらわれて育った者ほど、すぐに怒る人間になる。

一人っ子は甘やかされれば甘やかされるほど、後見を受けている孤児の場合でも多くを許されれば許されるほど、その心は堕落しやすくなる。

子どもに一度も「だめ」と言わなかったり、涙を流せばすぐに母親が心配して拭いてやったり、悪いことをしても子守が代わりに責めを負ったりしていると、その子はいつもと異なることが起こったときに耐えられなくなってしまうだろう。

恵まれている者ほど怒りやすくなりがちだ、ということは、あなたも知っているはずだ。

金持ち、貴族、偉い役人たちの場合、心のなかに軽薄で空虚なものがあらわれると、気持ちのいい風に吹かれた船のように勢いづいてしまうものだ。

大人の「怒りやすさ」が子どもに伝播する

成功は「怒りやすさ」を育てる。

傲慢な者の耳にゴマすりたちがささやく。「あんなやつがあなたにあんな口のききかたをするとは」とか、「あなたはご自分を正しくとらえていらっしゃいません。自分を低く見過ぎていますよ」などと。

こうなると、もともとはしっかりした礎をもった精神でさえも、抵抗できなくなってしまう。

子どもたちには追従《ついしょう》を聞かせないようにしよう。真実を聞かせるようにしよう。

時には恐れを感じ、常に人に敬意を抱き、年長者の前では立ち上がるようにさせよう。怒ることで何かが手に入るようにしてはならない。ごねる子どもには与えず、おとなしくしている子どもに与えよう。親の富は見せるだけにして、使わせない。

嘘《うそ》をついたら叱ろう。子どもには落ち着いた教師や養育係をつけることが重要だ。

おとなしい者は自分の近くにいる者に親しみ、彼らに似た者に育つ。だから、若者の人柄は乳母や子守の人柄に似ているものだ。

プラトンのもとで育てられた少年が両親の家に戻り、父親が怒鳴るのを見て驚いた。「プラトン先生のところでは、こんなの見たことない」と少年は言った。[14]
だが、その子は間違いなく、ほどなくしてプラトンよりも父親の真似をするようになっただろう。
食事は質素に、衣服は普通に、同じ年頃の子どもたちと同じような生活をさせるのがいい。最初から、ほかの子どもたちと同じにしておけば、比較されて怒ることはないのだから。

ここで、セネカは子育ての話題から、気質がすでに完成してしまっている大人の場合に移る。

最初に説明したように、セネカは怒りを「正しくないことをした人に罰を与えたいという欲望」と定義しており、「不当に扱われた」と感じることを避けるためのいろいろな方法を探っていく。

この問題を検討することで、人間は普遍的に誤りを犯すものであり、だからこそ、間違ったことをした者を許してやらなければならない、と説明していく。

②「怒りを抑える」ための療法

［第2巻22］

ここまで話したことは、子どもたちの場合だ。

14）このいかにもありふれた逸話はセネカがでっちあげたのかもしれない。プラトンがよその子どもを預かって育てたという話はどこにも伝わっていないからだ。

わたしたち、すなわち大人の場合はもはや、生まれの運のよしあしや、育てられ方によって、過ちを犯したり、逆によりよい人間になれたりすることはない。生まれや育てられ方ではなく、その後のことを考えてみなくてはならない。

つまり、こういうことだ。

わたしたちは〝怒りの始まり〟の原因と戦わなくてはならない。それはすなわち「不当な扱いを受けた」という感覚だ。だが、この感覚自体を信じてはならないのだ。たとえ、それが明らかでわかりきったことに思えても、即座に行動を起こしてはならない。時として、偽りが真実をまとっているからだ。

時間を置こう。1日たてば、真実がわかるだろう。

そして、誰かを非難する者たちの言葉に安易に耳を傾けてはならない。**人は聞いて腹が立つことを安易に本気にし、判断力を行使する前にそれを信じてしまう。**この欠点を肝に銘じておくべきだ。

気をつけておかなくてはならないことはもう1つある。

人は非難の声どころか、ほんの小さな疑いだけで行動を起こしてしまいがちだ。他人の表情や笑いをひどく悪く解釈して、罪のない者に対して怒ってしまうこともある。たとえ自分の利益に反すると思える場合でも、まずはそこにいない〝被告〟の弁護を試みよう。[15] そして、冷静に判断できるようになるまで怒りを抑えておく。

なぜなら、**罰を与えることは後になってからでもできるが、ひとたび罰を与えてしまったら、取り消すことはできない**からだ。

［第2巻24］

「根拠のない疑い」が判断を誤らせる

人の言うことをたやすく信じるのは、災いのもとだ。

他人の言うことに耳を傾けないほうがいい場合もある。疑いにとらわれているより、知らずに騙されていたほうがまだましかもしれない。

疑いと推測は人を誤らせる最大の原因だから、自分の心から消し去るべきだ。

15）法廷のたとえを用いているが、敵に対しても「疑わしいことは相手の有利になるよう解釈してやるべきだ」という意味である。

「あの人の挨拶はちっとも礼儀正しくなかった」

「あの人はわたしが抱擁したのに、すぐに離れようとした」

「あの人は、わたしが話し始めたとたんに話をやめさせた」

「あの人はいつになく、わたしから顔を背けてばかりいた」といった疑いと推測だ。

このような疑いをもち始めたら、それを正当化する理屈にはこと欠かないだろう。

はっきりと、自分の目に見えるものだけを信じることにしよう。自分の疑いに根拠がなかったことがわかったら、そのたびに自分の信じやすさを罰することにしよう。

こうして自分を叱責しておけば、安易に信じ込まない習慣が身につくだろうから。

［第2巻25］

小さいことにイライラしない

「ごく小さな、つまらないことで腹を立てない」ということが、いかに大事かがわかってきただろうか？

奴隷がぐずぐずしているとか、水を飲もうとしたらぬるかったとか、寝床がきちんとしていなかったとか、テーブルのしつらえがだらしないとか、そういうことでいちいち興奮するのは狂気の沙汰だ。

ほんのちょっとの風が吹いたといって震えるのは、体の弱い人だけだ。鮮やかな色の衣服を見てイライラするのは目の調子の悪い人であり、慣れない仕事をちょっとしただけでわき腹が痛むのは贅沢に甘やかされた人だ。

伝えられているところによると、シュバリスの国の民であるミンディリデスは、鍬《くわ》を高く振り上げて穴を掘っている人を見ると「見ているだけで疲れるので、どこか自分に見えないところで仕事をしてくれ」と言ったそうだ。

この男は「体調がよくないんだ。ぐしゃぐしゃになった薔薇《ばら》の花びらの上で寝たからだ」と言ったこともあるそうだ。

わがままが体も心も侵してしまうと、どんな小さなことにも耐えられなくなる。その作業がきついからではない。やる人間がやわだからだ。

誰かが咳《せき》やくしゃみをしている様子、いいかげんに追い払われた蠅《はえ》などを見て激怒する理由があるだろうか？

あるいは、犬が足もとに寄って来たとか、不注意な奴隷がうっかり鍵を落としたくらいのことで……？

椅子が床の上で引きずられて出る（耳障りな）音にさえ我慢できないような男が、市民たちの非難や、元老院や法廷で自分に向けられる罵りの声に、冷静な心をもって耐えることができるだろうか？

溶かした雪の混ぜ方がよくないと言って奴隷を叱りつける男が、夏の旅での空腹や渇きに耐えられるだろうか？[16]

歯止めのない、きりのない贅沢ほど、怒りを育てるものはない。心は厳しく扱わなければならないのだ。よほど重たい打撃以外は感じないようにするために。

［第2巻26］

「物」に対して怒るのは愚の極み

わたしたちは、本当は自分に害を与えようとはしていないものに怒ることもあるし、自分に害を与える可能性のあるものに怒ることもある。

前者のなかには、感覚をもたない物もある。たとえば、わたしたちは字の小さすぎる本を放り出したり、間違いのある本を引きちぎったり、気に入らない衣服を引き裂いたりする。

怒るに値しない物や、わたしたちの怒りを感じもしない物に怒るなんて、まったく愚かなことではないか。

「そんなことを言ったって、もちろん、物に怒っているんじゃなくて、それらの物を作ったやつに対して怒っているんだよ」という声が聞こえたね。

しかし、第1に、わたしたちは物とそれを作った人との違いを理解する前に怒りだすことが多い。また第2に、それらの物を作った職人たちには筋の通った言い分があるはずだ。

たとえば、それが自分にできる精一杯だったとか、確かに自分は修業が足りないが、あなたに意地悪しようとして作ったわけではない、とか。そのように作ったの

16）山の雪を取って走者が運び、裕福な家庭で飲み物を冷やすために使っていた。

は、あなたを怒らせたかったからではない、と言うかもしれない。

そもそも、**人に対して鬱積《うっせき》していた不満をただの物に対して爆発させるとは、なんと馬鹿げたことだろう。**

生きていない物に怒るのは狂人の証《あかし》だ。人になんの悪意ももたない動物に怒るのも、同じように馬鹿げたことだ（動物は欲をもたない。意図的におこなわれるのでなければ、悪とはいえない）。

人は誰もが「罪人」である

「わたしたちのなかの誰1人として、罪のない者はいない」

【第2巻28】

あらゆる物事を公平に判断したいと思うなら、これを肝に銘じておくべきだ。

最も激しい憤《いきどお》りは、次のような考え方から生じる。

「自分はまったく悪くないのに」「わたしは何もしていないのに」という考え方だ。

しかし、それは違う。あなたは自分に罪があることを認めていないだけだ。

わたしたちは忠告や罰を受ければすぐに憤るが、実はそれこそが間違いであり、自分の過ちにさらに傲慢さと図々《ずうずう》しさを重ねているのだ。

いかなる法に照らしても、すべての法に照らしても、それでも自分は無実だと宣言できる者がいるだろうか？

たとえ、いたとしても、それがただ法的な意味だけにおける無実であるなら、それはなんという狭く限られた〝無実〟だろうか。法よりも、人としてのつとめのほうがはるかに幅広いものなのだから。

孝行、慈悲の心、寛容さ、正義感、誠実さは、広く知られている法よりもはるかに多くのことをわたしたちに求めているではないか。

だが、**わたしたちはこの狭義の無実さえ、[17]守りとおすことができない。**

日頃、わたしたちは何か行動を起こしたり、計画したり、期待したり、あるいは「こうしたらいい」と人にけしかけたりする。

それらが実は、悪いことだったとすれば——わたしたちはそれが実現できなかった

17）つまり、法の文面に定められたところの無実という意味。

おかげで、無実でいられるだけなのだ。

そのことを心にとめて、罪人に対してもっと公平になろう。そして、わたしたちを非難する者の言葉も信じるように努めよう。

善人に怒ってはならない。

理由は簡単だ。善人にまで怒っていたら、誰に対しても怒らずにはいられなくなるからだ。

あなたから悪口を言われたと誰かが言ったとする。そんなときは、実際に始めたのが自分のほうではなかったか、よく考えてみよう。自分がどれだけ多くの人について噂《うわさ》しているか、考えてみよう。

こういう考え方をしてみても、いいかもしれない。

「ある者たちはわたしたちに害を与えようとしているのではなく、仕返しをしているのかもしれない。

もしかしたら、彼はわたしたちのためを思って、そんな行動をとっているのかもしれない。

あるいは、彼は誰かに強いられてそんなことをしているのかもしれないし、自分のやっていることを理解できないまま、そんな行動を起こしているのかもしれない。

たとえ、自分の意志で、何をしているかわかったうえでしている場合でも、彼の目的はわたしたちに害をなすことではないかもしれない。

わたしたちにお世辞を言って喜ばせるつもりだったのに、うっかり変なことを言ってしまったのかもしれないし、何かをしたのは、わたしたちに敵対するためではなく、わたしたちを押さえつけなければ、自分の目的を達することができなかったからかもしれない[18]」


お世辞は相手に媚《こ》びるために言うものだが、かえって相手の気持ちを傷つけることもよくある。

自分も誤った疑いをかけられたことや、義務を果たしていただけなのに悪いことを

18）これは、セネカの性格をよく表した興味深い例といえるだろう。セネカはここで、人を陥れることも、自分が前進するために必要だからしたのであれば、許されることだとほのめかしているようだ。

していると思われてしまったことが何度もあることを覚えておけば、そして、一度は憎んだ人を後に愛することになる場合も多いことを知っていれば、軽率に怒りを爆発させたりはしないはずだ。

人から嫌《いや》なことをされたら、そのたびに静かに自分自身に言いきかせればいい。「そうだ、わたしも同じ過ちを犯したことがあった」と。

「自分はまったく悪くない」という勘違い

しかし、それほどまでに公平な心をもって物事を判断できる者が、はたして本当にいるだろうか。

誰の妻に対しても欲望を感じ、その女が他人の妻であるというだけで彼女を愛するに足る理由だと思うような男が、自分の妻が人に見られるだけで腹を立てる。約束を果たせと執拗《しつよう》に要求する男が、実はまったく不誠実なこともある。嘘を厳しく非難する者が、偽証者だったりする。人に濡《ぬ》れ衣《ぎぬ》を着せる者が、自分が訴えられるとひどく気を悪くする。

奴隷たちの純潔を狙う者を許さない主人が、自分では奴隷の少女に手を出す……。

わたしたちは他人の欠点には目をとめるが、自分の欠点には背を向ける。

だから、息子よりも悪い父親が、息子のどんちゃん騒ぎがそれほどひどいものでもなくても、厳しくとがめる。

自分が贅沢していることを認めようとしない男が、他人の贅沢は許さない。暴君が殺人者に怒り、神殿を襲う盗賊がこそ泥を罰する。

たいていの人間は罪にではなく、罪を犯した者に怒る。

わたしたちがもし自分をよく振り返って、こう問いかければ、もっと穏やかな気持ちになれるはずだ。

「自分たちも、これと似たようなことをしなかったか？」

「わたしたちも、同じように道を踏み外したことはなかったか？」

「この罪を罰することが、本当にわたしたちのためになるのか？」と。

怒りを抑える最善の方法

怒りに対する最善の治療法は「先延ばしにする」ことだ。

［第2巻29］

怒りを感じたら、何よりもまず、先延ばしにしてみる。怒りに許しを与えるためではなく、正しく判断するためだ。

怒りの衝動は激しいものだが、しばらくすればいくらか静まってくる。

怒りを一度にすっかり追い払おうとしてはいけない。少しずつ、少しずつ、削り取っていけば、怒りはやがて克服される。

わたしたちが攻撃されたと感じるのは、人から何かを聞いたときか、自分自身の目と耳で何かを見たり聞いたりしたときだ。

第1に、人からの報告だが、簡単にそれを信じてはいけない。嘘をついてわたしたちを騙す者は多いし、彼ら自身が騙されている場合もあるだろう。

ごく小さな額についての裁判の場合でも、あなたは証人なしに裁判を進めることはないだろうし、証人が宣誓をおこなわなければ、彼らの証言は有効ではない。あなたは当事者の双方に主張を述べる機会を与えるだろう。十分に時間をかけ、一度の聴聞《ちょうもん》だけで簡単に結論を出したりはしないだろう。

真実は、調べれば調べるほど輝きだすからだ。[19]

それなのに、あなたは衝動に駆られて友人を糾弾するのか。彼の話を聞きもせず、問いただしもせず、いったいどんな罪を犯したと誰から言われているのか、彼が知ることもできないうちに、怒りに身を任せるのか。

あなたは、双方の言い分を本当にちゃんと聞いているだろうか?

［第2巻30］

もし、誰かの「過ち」を目撃したら

第2に、わたしたちが自分から何かを目撃した場合について考えてみよう。この場合は、その行動をとっているのがどんな者で、どういう意志をもってやっているかを

19）ここでは、長いあいだ使われなかったために曇ってしまっていた銀貨をたとえに使っている。

よく考えなければならない。

たとえば、それが**あなたの子ども**だったら、幼さに免じて許してやるがいい。彼は自分が何をしているか、わかっていないのだ。

それが**あなたの父親**だったら、こう考えよう。

彼はこれまでにあなたのために実に多くのことをしてくれたのだから、間違ったことをする権利がある。あるいは、彼が今あなたを嫌な気分にさせるようなことをするのは、結局それがあなたのためになるからなのだ、と。

それがもし**女**だったら、こう考える。女というものは、そもそも間違いを犯すものだ[20]、と。

人に命じられて過ちを犯した者だったら、どうだろう。必要に迫られてやったのだから、彼に怒るのは不公平だ。

彼は先に傷つけられたから、そんなことをしたのだとしたら？　――そもそも自分が先に彼にやったのと同じことをやられたのなら、あなたは害を被《こうむ》ったとはいえないはずだ。

その人がもし**裁判官**だったら、あなたも自分の意見より彼の意見に従ったほうがいいだろう。

相手が**王**だったとしてみよう。あなたに罪があって、彼があなたを罰したのなら、彼の裁きに従うべきだし、あなたが無実なのに罰せられるなら、運命には屈服するしかない。[21]

あなたに危害を加えたのが、**ものを言えぬ動物**、あるいはそれに近いものだったら、あなたが怒ったら、相手と同じことをしていることになってしまう。

それが**病気や災害**だったなら、黙って耐えていたほうが静かに過ぎ去るだろう。

それが**神**だったら、神に対して怒るのも、神が自分以外の者に怒りを向けてくれるように祈るのも、どちらもまったく無駄な努力だ。

よい人があなたに害を与えていると思うなら、その人があなたを害していること自体、信じなければいい。

20）セネカも彼の時代の男たちと同様、女性は道徳的な判断力で劣っていると考えていた。ここで「女だったら」と言っているのは「妻だったら」という意味にもとれる。

21）このような考え方は、セネカがこの後の第２巻33と第３巻15で述べるきわめて従順な態度とも、彼自身のネロの法廷における態度とも、首尾一貫している。

悪人があなたに害を与えたのなら、今さら驚く必要はない。その悪人は、あなたに払うべき罰金をいつかほかの者に払うことになるだろう。[22] そもそも、彼は悪事をなしたことですでに自分を罰しているのだ。[23]

［第2巻31］

「想定外」とどう向き合うかが肝心

これまで伝えたように、怒りをかき立てる要因には2つある。**第1に、自分が害を被ったと思われるとき**だ（これについては、もう話した）。**第2に、自分が「不当に」害を被ったと思われるとき**だ。今度はこの第2の場合について、考えてみる必要がある。

なんらかの害を被って、それは被るべきでない害だったと感じるときに、人はそれが不当だと感じる。あるいは、その害を被ることを予想していなかったときにも、不当だと感じる。

予想もしていなかった害を被ったとき、こんな目にあうのはおかしいと感じるから

こそ、自分の期待や予想に反して起きたことがわたしたちの心を乱す。

わたしたちが家庭の日常のごくささいなことに怒るのも、友人の過失を「悪いこと」だとみなすのも、まさにそれが理由だ。

「だとすれば、わたしたちはなぜ、敵から受けた害にも傷つくのか？」という質問が聞こえてきた。

それは、わたしたちがその害を予想していなかったからだ。少なくとも、これほどの大きな害だとは予想していなかった。**わたしたちは自己愛が非常に強いから、たとえ、相手が敵であろうとも、自分はあらゆる害から守られて安全であるべきだと思っている。**

わたしたちの誰もが、心のなかでは自分は王だと思っているのだ。自分には完全な自由が与えられるべきであり、自分に敵対する者には自由が与えられるべきではない

22）つまり、今は責任から逃れても、きっといつか捕らえられて罰せられる運命にあるということ。このように自分を慰めることで、セネカは道徳哲学から離れ、ありきたりな考え方に頼っている。
23）悪事を働く者は、相手に害を与える以上に自分を害しているのだという考え方は、さまざまな哲学の学派に共通している。

と思っている。

わたしたちが怒りっぽいのは、無知か、傲慢のせいだ。

そもそも、悪人が悪事を働いたからといって、驚く必要があるだろうか。友人はわたしたちを怒らせるが、敵はわたしたちに傷を負わせる。子どもは間違いを犯すが、奴隷は罪を犯す。珍しくもなんともないことだ。

ファビウス[24]がかつて言ったことだが、将軍にとって最も恥ずべき言いわけは「想定外だった」というものだそうだ。この言いわけは、将軍に限らず、誰にとっても恥ずべき言いわけだとわたしは思う。

どんなことも起こりうると思わなければならない。あらゆることを想定すべきだ。

たとえよい人柄の持ち主であっても、何かしら悪いところがあるように。

人間は「怒りを抑えられない動物」なのか？

人間の本質には、不誠実な考えや、恩知らずな、欲深い、不道徳なところが含まれている。

ある人の性格を見定めたいなら、人間一般の性質を考えてみればいい。あなたが最も大きな喜びにひたっている、まさにそのときにこそ、最も大きな恐怖が近くで身を潜めている。

何もかも穏やかに見えるときでも、いろいろな危険が存在している。それらの危険は眠っているだけだ。

どんなときでも、自分を害する何事かが起きようとしていると想定するべきだ。[25]船の舵取《かじと》りは、たとえ安全なときであっても、完全に帆を広げきったりはしないし、帆を畳むときに必要な装具を片づけてしまったりはしない。

何よりも、こう考えてみてほしい。

害を与える力は卑しく、呪われたものであり、人間にはまったくなじまないものだ、と。人間はもともと野生動物すら飼いならしてしまえるほど、やさしい心をもっ

24）クイントゥス・ファビウス・マクシムスは、紀元前3世紀のローマの将軍。ハンニバル率いるカルタゴ軍がイタリア半島に侵入したとき、持久戦を選んだことで有名。

25）「未来の不運が訪れる前に予想して備えよ」というのはストア派の習慣であり、セネカもしばしばこの助言を与えている。

ているのだから。

見てみたまえ。象はくびきに頭《こうべ》をたれている。とんぼ返りをする少年たちや女たちに[26]背中を踏みつけられても、雄牛はおとなしくしている。蛇はなんの害もなさずに杯《さかずき》や衣《ころも》のひだの間をずるずる進んでいくだけだ。飼いならされた熊やライオンは鼻先をなでられてもじっとしているし、野生の獣《けもの》たちは主人のご機嫌をとっている。

動物たちがこれほどおとなしくしているのに、われわれ人間のほうが野獣の性格を露わにしたら、それはまったく恥ずべきことではないか。

「罰」はなんのために与えるべきか

祖国に害をなすのは非道なことだ。市民に害を成すことも同じだ。なぜなら、その市民も祖国の一部なのだから。

1つの物事の全体が尊敬に値するなら、その一部分をなすものもまた尊いのだ。

ということはつまり、どんな人間に対してでも、害をなすことは罪になる。その人も、大きな意味での「都市」の市民なのだから。

それはまるで、あなたの両手があなたの両足に、あなたの両目があなたの両手に害

会話は、とぎれていい

愛される48のヒント

7万部突破!

加藤綾子

上司から、パートナーから・・・周りの人から愛されるヒントがこの一冊に！目を見て話さなくたっていい、盛っていい話、ダメな話—人気アナウンサー 加藤綾子さんが数々の話し方の達人の隣で学んだ「会話の本質」とは？

定価(本体1,180円+税) | ISBN978-4-86651-122-1

失敗図鑑

すごい人ほどダメだった!

12万部突破!

大野正人

新しすぎて「意味わからん」と言われたピカソ。成功にしがみついたライト兄弟。歴史に名を残す偉人でも、沢山失敗をしてきました。読めば「自分の失敗なんて、たいしたことないじゃん！」と勇気が湧いてくる一冊です。

定価(本体1,200円+税) | ISBN978-4-86651-059-0

難しいことはわかりませんが、お金の増やし方を教えてください!

26万部突破!

山崎元 、大橋弘祐

定期預金しか知らない「ド素人」が、東大卒、外資系証券や保険など金融12社を渡り歩いた「お金のプロ」山崎元氏に、なるべく安全なお金の増やし方を聞いてきました。

定価(本体1,380円+税) | ISBN978-4-905073-24-6

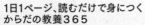

をなそうとするようなものだ。

人間の四肢は調和して動いている。すべての部分が維持されることが、全体にとっても有益なはずだ。


それと同じように、人類は個人に害を与えることを避ける。人々は調和するべく作られているからだ。

社会は、それを構成する個々人の愛と配慮がなければ、完全なままではいられない。

わたしたちはマムシや沼マムシなど、人を噛《か》んだり、ショックを与えたりする野生動物でさえ飼いならせることもあるし、人に害を与えないようにさせて殺さずにおくこともある。

それと同じように、ある人が何か悪いことをしたからという理由で、その人に害を与えるべきではない。

罰は過去のためではなく、未来を考えて与えるものだ。

26）雄牛の背の上でとんぼ返りをするアクロバット競技は古代の芸術でしばしば描写されており、ほかの文献でも言及されている。

罰とは怒りのためではなく、将来への気遣いのためにおこなうべきだ。

性格がゆがんでいるからとか、悪事をなす可能性があるからという理由で処罰を求めるなら、罰を受けずにすむ者は1人もいない。

「復讐したい」気持ちと上手に向き合うには

［第2巻32］

「それでも、怒りはある種の喜びを与えてくれる。自分に苦しみを与えた者に報復するのは気持ちのいいことではないか」という声が聞こえてきたね。

でも、それはまったくの嘘だ。商取引であれば、同じ値の物で報いるのは公正なことだが、害に対して害で報いるのはそれとは違う。[27]

商取引であれば、負けるのは恥ずかしいことだが、復讐の場合は勝つことが恥ずべきことだ。

「復讐する」ことは正しいことだと信じられる傾向にあるが、そもそも「復讐する」などという言葉は人間にふさわしいものではない。

ある男が公共浴場で不注意のためにマルクス・カトー[28]にぶつかった（もちろん、彼にわざと害を与えようとする者はいないだろう）。

後でその男が謝罪すると、カトーは「ぶつかられたなんて、覚えていないな」と言った。仕返しするよりも、気がつかないほうがいいと彼は思ったのだ。

「しかし、そんな無礼なことをして、その男には後で何事もなかったのか？」とあなたは聞きたいようだね。

そんなことはまったくなかった。むしろ、いいことがあったのだ。彼はカトーと知り合いになったのだから。

害を被ったことを気にしないのは、偉大な心の証だ。

ある人から害を受けて、その相手が報復する価値もない人であるようにふるまえば、それは最大の侮辱をもって彼に報復したことになる。

多くの人々がわざわざ復讐することで、ごく小さなことを大ごとにしてしまってい

27）セネカは後に、与えることと受け取ることについて長い論文を執筆している。取引をつかさどる道徳規範について記した『善行について』という論文だ。

28）紀元前1世紀のストア派の実践家で元老院議員のマルクス・ポルキウス・カトー・ウティケンシス（小カトー）。セネカはしばしば彼をソクラテス以来の賢人とたたえている。

る。それとは反対に、小さな猟犬の吠《ほ》え声を聞き流す猛獣のように気にしないのが、本当に偉大で高貴な人なのだ。

［第２巻33］

「しかし、誰かに何か悪いことをされたら、きちんと復讐したほうが人から馬鹿にされずにすむではないか」と考える人もいるかもしれない。

たとえ、そうだとしても、**復讐は物事を改善するためにするのだから、怒ることなしにおこなおうではないか。復讐は役に立つからするのであって、喜びのためにするのではない。**

それに、報復を求めるよりも、しらばくれているほうがよい場合が多いのだ。権力をもつ者たちから不正を被ったら、黙って耐えるだけでなく、楽しそうな様子でいるのがよい。

なぜなら、彼らはあなたを傷つけるという自分の目的を果たすことができたと思うと、うれしくなって、また同じことをするからだ。

「怒るべき不正」と「怒ってはいけない不正」

大きな幸運に恵まれたために人を見下すようになっている者たちには、人を傷つけておきながら、自分が傷つけたその相手を憎む、という欠点がある。

何代もの専制君主に仕えながら、老齢になるまで生き延びた人の有名な話がある。宮廷で最も得難いもの、すなわち長寿をまっとうできたのはなぜか、と誰かが質問したところ、彼はこう答えたという。

「苦痛を受けながらでも、ありがとうございます、と言い続けることですよ」

不正に対して復讐すると、損をすることが非常に多い。むしろ、不正が起きたこと自体、認めないでいたほうが得なくらいだ。

カリグラはあるとき、名高いローマの騎士パストルの息子を拘束していた。その若者の優雅な姿と手入れのいきとどいた美しい髪の毛を見て、ますます不愉快に感じていた。[29]

29）カリグラ自身もおしゃれな若者であり、自分より美男で、美しい身なりをしている者を見ると腹を立てたという。

パストルが皇帝に息子を助けてくださいと懇願すると、カリグラはまるで死刑にすべきだったことを思い出させてもらったかのように、すぐに処刑の命令を下した。

それにもかかわらず、自分が残酷だったと思われたくないがために、皇帝は処刑の日にパストルを晩餐《ばんさん》に招いた。

パストルはなんの不満もないような顔で晩餐の席におもむいた。カリグラは彼にワインの樽《たる》を運ばせ、彼の行動を護衛に見張らせた。

パストルは心中では悲嘆にくれていたが、気力を振り絞ってワインを飲んだ。まるで息子の血を飲んでいるような心持ちだった。

カリグラは彼に香油と花冠を贈って「使うがいい」と言った。そして、彼がそれらを使うかどうか、よく見ているように護衛に命じた。パストルは言われるがままに香油と花冠で身を飾った。

息子を埋葬する日（いや、むしろ、息子を埋葬できなかった日というべきだろうか）、彼はくつろいで、１００人の客に混じって宴会の席についていた。

痛風に苦しむ老いた体で、子どもの誕生日にすらふさわしくないような酒を飲み干していた。その間、一滴の涙もこぼさず、悲しみが表に出るのを許さなかった。まるで、自分の懇願のおかげで息子が助かった祝いでもしているかのごとく、宴会を楽しんでいるように見えた。

なぜ、そんなことをしたのかって？　彼にはもう1人、息子がいたからだ……。

この父親がもし、ただ怯《おび》えていたとしたら、わたしは彼を軽蔑したかもしれない。だが彼は、**義務感によって怒りを抑えていた**のだ。

彼は宴会の席を去って息子の骨を拾いに行く許しを得てしかるべきだった。しかし、あの〝寛大にして親切な〟若者カリグラ[30]はそれすら許さなかった。カリグラは、心配ごとは忘れろと言って、パストルを挑発するように何度も何度も乾杯させた。パストルは陽気な気分でいるように見せかけ、その日起きたことを忘れているかのようにふるまった。

宴会の客としてあの人殺しの気分を損ねていたら、彼はもう1人の息子までも失っていただろう。

30）辛辣な皮肉。セネカ自身、雄弁の才のせいでカリグラに嫉妬され、処刑されそうになったことがある。

怒りを感じたときにもつべき「第3の選択肢」

［第2巻34］

わたしが「怒りは抑えておかなければならない」と強調するのは、こういった理由からだ。

相手にしなければならないのが、自分と同等の者であっても、自分より目上の者であっても、あるいは目下の者であっても、その原則は変わらない。

同等の相手と戦っても勝てるとは限らない。自分より目上の者と戦うのは正気ではない。目下の者と戦うのは品のないことだ。

自分に嚙みついた者に仕返ししようとするのは、臆病で卑しい者だ。鼠《ねずみ》や蟻《あり》だって、手を出せば、こちらに立ち向かってくる。このように、触れられただけで、傷つけられたと思い込むのは弱い者だけだ。

あるいは、**今怒りを向けているその相手が、過去に自分のためにしてくれたことを思い返してみたら、わたしたちはもう少しやさしくなれるかもしれない。**今回は害を受けたにしても、過去の貢献によって許しを与えられないだろうか。

また、次のことも合わせて覚えておくといい。

あなたが相手に慈悲の心を示したことが伝われば、どれほど多くの人から称賛してもらえるか。

人に親切にすることで、どれだけ多くの人を貴重な友人にすることができるか。

そして、敵の子どもたちに怒りを向けるのは絶対にいけない。

スッラは、追放の命令を下した者の子どもたちを市民の名簿から削除し、彼らの市民権を剥奪したが[31]、これは彼の残酷さを示す一例だ。父親が被った憎しみを子に相続させるほど不公平なことはない。

31）紀元前80年代のルキウス・コルネリウス・スッラによるローマの軍政時代には、体制の敵は「プロスクリプティオ」と呼ばれるブラックリスト制度によって抹殺された。犠牲者の子どもたちも市民権を剥奪された。

「許せない相手」に打ち勝つには

人を許すのが難しいと感じたときは、こう考えてみよう。

誰もが執念深い人間だったとしたら、それははたして、わたしたちのためになるだろうか、と。

人から慈悲を求められて拒絶したところ、後になって自分が慈悲を求める立場になることもよくある。足もとにひざまずく者をはねつけて、後になって彼の足もとにひざまずくはめになった者がどれほどいるだろうか。

激しい怒りを友情に変えることができたら、それほど名誉なことはない。

かつては最も頑固な敵と考えていた国々を、ローマの人々は今、信頼に足る同盟国だと考えている。もしも、健全な先見の明によって、勝者が敗者を受け入れていなかったら、今日の帝国はどうなっていただろう。[32]

誰かが怒ったとしたら、自分から親切にしてやるといい。

口論は、片方が放棄すれば、すぐにしずまる。双方が戦わなければ、喧嘩《けんか》はありえないからだ。

双方の怒りが燃え上がり、衝突が起きたら、先に退《しりぞ》いたほうが勝ちだ。「勝者」はじつは敗れているのだ。

誰かがあなたを殴ったら、退くがいい。

あなたも暴力を使ったら、さらに何度も暴力を振るう口実を相手に与えることになる。後になって、もうやめたいと思っても、あなたはもう抜け出すことはできないだろう。

【第2巻35】

敵をあまりにも激しく殴ったために、手がその傷から抜けなくなり、自分のおこなった打撃から自分が立ち直れなくなるようなことは、誰も望んではいないはずだ。

32）ここでは主にガリア人を指している。ガリア人はローマの支配に反抗して激しく戦ったが、後に制圧されて、ローマ市民となった。これと同様に、異民族に市民権を与えてローマに統合するという戦略はほかの地域でも広くおこなわれた。

怒りとは、一度出したら引っ込めるのが難しいという意味で、まさにそのような類《たぐい》の武器なのだ。

わたしたちは自分の役に立つ武器を求める。自分の手になじんで持ちやすい剣を。

だから、**重すぎて邪魔になるうえに、勢いがついたら、引き戻すこともできない剣のような、そんな心の衝動は避けるのが当然**だ。

勢いというものは、命じられたところできちんと止まり、自分が定めた境界から行き過ぎることなく、意図した通りに動かせて、後ろに引き戻すことができるのであれば、好ましいものだ。

もしも、筋肉がわたしたちの意志に反して勝手に動こうとすれば、いい具合に動くことはできないはずだ。老人はゆっくり歩くのが望ましいのに、無理して走れば体が弱ってしまうだろう。

それと同じように、こう考えてみるといい。

わたしたちの心の動きは、心が勝手に動くのではなく、わたしたちの意志に従って進むときに、最も健康的で強くいられるのだ。

怒りの「本当の姿」を見きわめよ

さて、いろいろな心得を述べてきたが、**怒りを防ぐためには、まず怒りの醜さに、そしてその危険に目をとめることが、何より有益かもしれない。**

あらゆる感情を示す表情のなかで、怒りの表情ほどひどく乱れた表情はない。**怒りはどんなに美しい顔も台無しにし、どんなに穏やかな表情もゆがめてしまう。**[33]怒れる者は礼儀を失ってしまう。たとえ、美しく、きちんと整えられたトガ（ローマ人の着る1枚の布でできた衣服）を着ていても、それをはぎ取って、身なりへの気遣いをなくしてしまう。

生まれつき美しい容姿に恵まれた人も、入念な手入れによって美しい容姿を保っている人も、心が逆立つと髪の毛も逆立ってしまう。血管は膨れ上がり、激しい息づかいで胸が震え、荒々しい叫び声をあげるせいで首も伸びてしまい、両手両足がわなな

33）セネカはすでに本書の最初のほうで、怒りが人間の体や顔をどんな状態にしてしまうか、皮肉な筆致で描写している。

き、手は振り回され、全身が不安定になる。

これほどおぞましい外見に隠されている心とは、いったいどんなものだろう。大虐殺を繰り広げる野獣、その敵の血の滴る顔、あるいは逆に敵を殺戮《さつりく》しようと歯向かっていく者たちの顔……。

あるいは、詩人たちが空想したような、蛇に取り巻かれ、炎の息を吐く黄泉《よみ》の怪物たち、このうえなく忌まわしい女神たち[34]が人の世を見捨てて戦を引き起こし、人々の間に紛争をまき散らし、平和を破壊するときのように……。

怒りとは、そういうものとして思い描くべきものだ。

怒れる者の両目は炎のように燃え、シューシューと呼吸し、うめき、泣き、金切り声をあげる。

それから、憎しみに満ちた不快な音を発し、両手で槍《やり》を振るい（盾で自分を守ることなど考えてもいない）、体もねじ曲がり、血にまみれ、降り注ぐ殴打で傷痕《きずあと》と青痣《あおあざ》だらけになり、狂ったように大股で歩きまわり、雲のようにたちこめる砂ぼこりに巻かれ、攻撃し、侵略し、まわりを荒廃させ、すべてのものから受ける憎しみと自分自身による憎しみに虐げられ……。

ほかに害を及ぼすべきものがもうないなら、地も海も空も破壊し尽くそうと望み、嫌われるだけでなく、有害であるもの。怒りとはまさにそういうものだ。

あるいは、怒りを語る詩人たちの言葉に耳を傾けるのもいいだろう。[35]

「ベローナ（ローマ神話に登場する戦いの女神）、彼女はその右の手で、血塗られた鞭《むち》を振るい……」

「不和は喜びの声をあげ、彼女のマントはずたずたに引き裂かれ……」

そのほか、詩人たちは怒りという恐ろしい感情を、あらゆるおどろおどろしいイメージで描き出していたものだ。

34）おそらく、神話で人の不和のもととして描かれる黄泉の国の女神フリアエまたはディラエのこと。

35）ここで引用している詩句のうち、最初のものは叙事詩であることは確かだが、出典がわかっていない。2つめは『アエネイス』の第8巻702で、著者ウェルギリウスが、黄泉の国の勢力が人間の紛争をかき立てる様子を描写した多くの詩句のうちの1つ。

「鏡を見る」ことで怒りを抑えられる理由

［第2巻36］

かつてセクスティウスが言ったように、[36] **怒りをおぼえた人には「鏡を見る」ことが役に立つ。**

鏡を見れば、自分の姿がすっかり変わっていることに困惑するだろう。きっと、もはや、それが自分の姿とはわからないかもしれない。

それでも、鏡のなかの姿にあらわれているのは、本当の醜い変化に比べればごく一部にすぎない。

もし、心のなかがすべて明らかにされて、形あるものとしてあらわれたら、自分の姿を見る者は驚愕《きょうがく》するだろう。黒ずみ、まだらになり、乱れ、ひん曲がり、腫れ上がったその姿に。

怒りがあまりにも醜いので、骨や肉や、そのほか、心を覆っているさまざまなものを通して、怒りの醜さが浸《し》み出してくるほどだ。もし、それがむき出しのままで置かれていたら、どんなに恐ろしい姿に見えることだろうか。

だが実際のところ、鏡に映った自分の怒る姿に驚いて目を背ける人がいるなんて、あなたには信じられないかもしれない。

なぜ、彼らは目を背けるのか？

――簡単なことだ。**鏡に近づいて自分の姿を見てみようと考える者は、今の自分を変えたいと思うからそうするのであり、鏡に近づいたときにはすでに〝変わり始めている〟からだ。**

怒りの性質そのものによって、どれだけ多くの人々が自分を害したか、よく考えてみることが大切だ。

多くの者たちが、激怒し過ぎて血管を破裂させた。

自分の体力を超える大声で叫んだために、血を吐いた。

激しくあふれる涙で、目がちゃんと見えなくなった。

体が弱い者は、ふたたび病の床についた……。

36）セクスティウスは紀元前1世紀のローマのストア派の哲学者。

怒りは「狂気」である

怒りほどすみやかに狂気に至る道はない。

多くの者たちが、怒りによって逆上し、追放してしまった自分の心を二度と取り戻せなかった。

逆上したせいでアイアスは死んだが、彼を逆上に追い込んだのも怒りだった。[37]

怒れる者たちは自分の子どもたちに死を、自らに貧しさを、家庭に崩壊をもたらす。

正気を失った者たちが自分の狂気を否定するのと同じように、彼らも自分が怒っていることを認めない。

親しい友人たちの敵となり、近しい者たち、愛する者たちから遠ざけられる。

法律でさえも、自分が人に害を与えるのに役立つ法律以外は認めなくなる。

ささいなことに反感をもつので、やさしい言葉や、従順な心遣いをもって近づこうとする者も近寄ることができなくなる。

何をするにも暴力を使い、剣を振るって戦いたがる。常に殺すか殺されるかという気持ちになっている。

あまりにも大きな悪、ほかの悪徳のすべてを凌駕《りょうが》するほど大きな悪が彼を捕らえたからだ。

ほかの悪徳は少しずつ忍び入る。しかし、怒りというこの悪徳は唐突に、全面的に突撃してくる。

それはほかのあらゆる感情を支配下に置く。最も情熱的な感情である愛さえも征服してしまう。

怒れる者は愛する者の体を突き刺し、自分が殺した者たちの抱擁のうちに倒れる。最も強情で頑固な悪徳である貪欲さえも、怒りに踏みつぶされる。怒りによって、富を風のなかにまき散らし、自分の家や、蓄積してきた財産に火をつけることを余儀なくされるのだ。

それればかりではない。野心のある者たちさえ、怒りのために尊敬される役職を投げ

37）神話のトロイア戦争のエピソードで、アイアスは英雄アキレウスの鎧を巡るレスリングの八百長試合でオデュッセウスに敗れて激怒した（39ページ／脚注9を参照）。アイアスは不正を仕組んだ将軍たちを殺そうとしたが、女神アテナが彼を一時的に狂気に陥れたため、将軍たちの代わりに羊の群れを殺してしまった。正気に戻ったアイアスは恥ずかしさのあまり、自殺した。

捨て、差し出された名誉をはねつけたではないか。

もう、わかっただろう。

怒りが圧倒することのできないほかの感情など、1つもないのだ。

怒りをコントロールする

第3巻

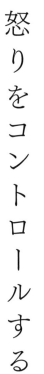

第3巻でセネカは、どのように怒りに対処すべきかという実際的なアドバイスを記している。

「どうすれば怒らないでいることができるか」「もし怒りにとらわれたら、どうすればそれをやめられるか」「また、ほかの人たちの怒りをどうすれば癒すことができるか」を、第3巻5で説明している。

しかし、そこに話を進める前に、セネカはまた、怒りがどれほど破壊的な力であるかをわたしたちにもう一度、思い出させようとしている。

効果的な「対処法」を見きわめる

［第3巻1］

さて、ノウァートゥス兄さん。これから、あなたが最も聞きたいと望んでいた「**どうしたら怒りを心から切り離せるか**」、あるいは「**どうしたら少なくとも怒りを抑えて、ほとばしり出てこないようにしておくことができるか**」を考えてみよう。

そのための行動は、怒りという病の力が感じられた最初の時点で、人の見ているところで公然とおこなわなければならない場合もある。

一方、秘密裏におこなう必要が生じる場合もある。それは、怒りがあまりにも熱く燃え、いくら防ごうとしても、さらに大きくなり、頑固になっていく場合だ。

怒りを打ち負かして、撃退するべきか。

それとも、怒りの嵐が吹き荒れているあいだは、怒りを癒す方法までも嵐に連れ去られてしまわないように、じっと耐えているべきか。

それを見きわめるには、怒りの力がどれほど強いか、またその後、初めの強さをどれだけ保っているかが問題になる。そして、**個々人の性格に合わせてどのように対処するか計画を立てる必要がある。**

懇願すれば言うことを聞いてくれる人もいるが、謙虚な態度に出る者をいじめたり、非難したりする者もいる。

脅かせば静かになる者もいる。叱ることでその人が進もうとしていた道を変えさせることができる場合もあるし、告白や、恥じらいの念によって道を変えさせられる場合もある。

それから、先延ばしにするというやり方もある。これは危険な速度で進む悪に対する時間のかかる治療法であり、ほかの手段が効かなかったときの最後の手段として使うことができる。

怒り以外の感情なら、先延ばしも可能だし、速度を落とすこともできる。だが、怒りがひとたび燃え上がって、自らを煽《あお》り立てれば、その猛威は少しずつ進行するのではなく、始まったとたんに本格的なものになってしまう。

怒りは、ほかの悪徳と同じように心を駆り立てるのではない。
怒りは、心を連れ去るのだ。

心から自制を失わせ、人に危害を加えることだけを熱望させる。すべての者を苦しめ、怒りの対象だけでなく、邪魔をする者にも激怒せずにはいられなくなる。

ほかの悪徳はわたしたちの心を駆り立てるが、怒りは真っ逆さまに突き落とす。

ほかの感情であれば、一時は我慢できないと思っても、いつかは終わるときがくる。だが、怒りはますます力を得る。稲妻のように、竜巻のように。

単に動くのではなく、墜落していくので、呼び戻すことはできない。

ほかの悪徳は理性から離れていくが、怒りは正気から遠ざかっていく。

ほかの悪徳は少しずつ入り込んで、気づかれないままに増加していくが、怒りの場合は、わたしたちの心が怒りに飛び込んでいってしまう。

［第3巻2］

怒りに「例外」はない

あなたが人生におけるいかなる段階であっても、怒りがあなたを避けていくことはないし、それは、どんな人種に生まれたかも関係ない。

人々のなかには、貧困のおかげで、贅沢を知らないままでいられる者もいる。常に自分を鍛え、動き続けているので、怠惰を知らない人々もいる。粗削りで純朴な生き方をしているので、偽造やごまかし、そのほか、人の集まるところから生まれてくる多くの悪徳を知らない人たちもいる。

だが、**怒りによって突き動かされることのない人種などいない。**

怒りは、ギリシア人の間でも、蛮族の間でも、同じように猛威を振るい、法を順守する人々の間でも、弱肉強食だけを法典としている人々の間でも、皆同じように害を及ぼす。

また、**ほかの悪徳は1つずつ別々にわたしたちを破滅させるが、怒りという感情はわたしたちをまるごと破壊してしまう。**

怒り以外の感情について見るなら、国民のすべてが1人の女への愛に身を焦がしたことはないし、1つの国の全体が金や宝への期待にすがろうとしたこともない。

このように、たいていの野心はわたしたちを1人ずつ別々に支配するものだ。

野望は個々人を別に捕らえるものだし、無謀という悪徳に民衆が全員で染まることもない。

だが、怒りのために、群衆が一丸となって行進することは頻繁に起こる。男たち、女たち、老人たち、若者たち、それに貴族たちも平民たちも、すべてが同じ怒りを共有する。

大人数の暴徒がほんのひとこと、ふたことによって扇動され、扇動した者よりもなお激しい波を引き起こす。

まっしぐらに武器や松明へと走り、隣国に戦争を宣言し、同じ国の民たちとも戦い始める。すべての世帯が一族もろともに焼かれ、立派な演説で尊敬を集めた演説家が、今度は聴衆の憤怒《ふんぬ》を浴びている。

軍隊はその槍を自分たちの将軍に向け、平民たちは貴族たちと袂《たもと》を分かつ。元老院は徴兵の指示を出すことも、指揮官を選ぶこともせずに、いきなり、衝動的な怒りを行動に移すための指導者を任命する。そして、都市の家々から名士たちを追いたて、自らの手で処刑を下す。

万国の慣習法を破って、大使たちに危害が加えられる。市民たちはひどく激高して我を忘れ、熱をしずめる余裕もない。艦隊は急いで集められた兵士たちを甲板に満載し、即刻、派遣される。

このように、人々は自らの怒りの勢いに引きずられて、しかるべき慣習として立ち止まって考えたり、あるいは庇護《ひご》を求めたりすることもないまま、本物の武器がなければなんでも手に入るものを振り回し、しまいには自分たちの無謀で不注意な怒りの代償を払うことになる。

すなわち、大量の血が流されるのだ。

知らずしらず「自由」は奪われている

［第3巻4の4］

人々がもし、怒りの始まりが自分たちを破滅させるとわかっていたら、境界線に足を踏み入れた状態から自らを呼び戻したいと願うことだろう。

兄さん、あなたは彼らにこう助言してやるべきだと思わないか？　――権力の高みにあって怒りの力を振りかざす人たちに、それが自分たちの力の証だと思っている人たちに、そして、即座に仕返しをすることが大きな富をもつ者にとっての大きな利益なのだと信じている人たちに。

彼らは**自分の怒りという牢獄《ろうごく》にとらわれているのであり、権力をもっているとはいえないばかりか、自由な者ですらないのだ**、と。

……警告してやるべきだろうね。彼らがもっと注意深くなって、自分を大切にするように。

怒り以外の悪徳は、劣った者たちを悩ますものだが、怒りは違う。高い教育を受けた、ふだんは健全な者たちにまで浸み込んでいくものだ。

そのために、激怒する者を正直な人と呼び、怒りに身を任せる者を自由な人と考える人までいるくらいだ。

［第3巻5］

「怒りの危険」とは常に隣り合わせ

「いったい、何が言いたいんだ？」という声が聞こえてきそうだ。

つまり、わたしが言いたいのは、**誰であっても、自分は怒りから守られていて安全だと考えるべきではない**、ということだ。

やさしくて、争いの嫌いな人たちでさえ、怒りが湧き上がると、残酷で暴力的な人間になる。体が丈夫な者、健康に気をつけている者でも、疫病に勝つことができないのと同じだ。疫病は弱い者でも、元気な者でも、区別なく攻撃するからだ。

同様に、怒りは神経のぴりぴりしている者にも、くつろいでいられる者、気持ちの落ち着いた者にも同じような危険をもたらす（時には後者の怒りのほうがより醜く、大きな危険を伴うかもしれない。もとの状態からの変化の幅が大きいからだ）。

いずれにせよ、怒りとはかくも残酷なものであるから、**まず、怒らないことが第1。そして第2に、怒りがやって来たら、それを止めること。**

さらにもう1つ、人の怒りをしずめるにはどうしたらいいかという問題もあるが、まずは、自分が怒りの状態に陥るのを避けるにはどうしたらいいか、それから考えてみよう。

その後に、どうすれば怒りから自分を解放できるか、最後に、怒っている人たちをなだめ、静かにさせ、心の健康を取り戻させるにはどうしたらいいかを考えたい。

怒りが引き起こす数々の「悪徳」

怒りが引き起こす悪徳を自分の目の前に並べ、それがどんなものかしっかり見定められたら、おそらくわたしたちは怒ったりしなくなるはずだ。**怒りの悪を告発し、非難しよう。その罪を詳しく分析して、白日の下にさらけ出そう。怒りをほかの諸悪と比較してみよう。**そうすれば、怒りとはなんなのか、本当にはっきりとわかるはずだ。

たとえば、貪欲という悪徳は、物を支配して、貯《た》め込もうとする。すると少なくとも、それらの物を使えるようにはなる。だが、怒りは物を浪費するばかりだ。怒りがただですむことは、まずない。たとえば、主人の怒りを恐れて、逃亡した奴隷はたくさんいる。その主人は**自分を怒らせた物事のせいで失ったものよりずっと多くを、自分の怒りによって失っている**のだ。

このように、怒りは父親たちに嘆きを、夫婦に離婚を、役人に憎しみを、候補者に落選をもたらす。

怒りは贅沢よりも罪深い。贅沢という悪徳は自分の楽しみによる喜びだが、怒りは他人の苦しみのなかに喜びを見出《みいだ》すからだ。

怒りは悪意や妬《ねた》みよりもひどい。悪意と妬みをもつ者は人が不幸せになればいいと望むだけだが、怒りは実際にその人を不幸せにせずにはいられない。

悪意と妬みをもつ者は、たまたま人に訪れた苦しみを見れば喜ぶが、怒りは人の不運を待ち切れない。怒れる者たちは、人が害されるのを見るだけでは足りず、自分の憎む者に実際に害を与えようとする。

争いほど痛ましいものはないが、怒りは争いさえも引き起こす。戦争ほど悲惨なものはないが、権力をもつ者たちの怒りが爆発すると戦争になる。

平民の怒り、普通の人の怒りでさえも、武器や武力は伴わないにしても、ある意味では戦争だといえる。

しかも、わたしたちは怒りによって要求される代償を払うことになる。怒りから生じる苦しみ、裏切り、個人間の争いに関するきりのない心配事などに対処しなければならないという代償を。

どうだろう。**怒りは人の本性にまったく反している**と思わないだろうか？ **人の本性はわたしたちに愛せと言うが、怒りは憎めと言う。また、人の本性はほかの人を助けろと教えるが、怒りは憎めとささやく。**

「怒る人」「怒らない人」の違い

［第3巻6］

どんなことが起こっても、それにあなたが怒らないとしたら、それこそが偉大さの確かな証だ。

宇宙のずっと上のほうの、より秩序だった部分、星々に近いあの高みは、雲のあたりまで引きずり降ろされてくることはない。嵐のなかに追いやられることもなければ、つむじ風のなかに放り込まれることもない。そこは完全に騒乱からまぬがれている。たとえ、下界では稲妻が鳴り響いていても、だ。

それと同じように、気高い心は穏やかで静かな場所にあり、下のほうにあって怒りに引きずり下ろそうとするものを寄せつけない。だから、常に穏健で、気高く、秩序だっている。

一方、怒れる者はそれとはまったく違う。苦痛に屈してわめき始めた瞬間に、恥の意識をなくしてしまうからだ。衝動に駆られて逆上し、人を攻撃し始めると、誰もが自分の責任を放棄してしまう。自分の義務の数とその順序を、立腹したときも、ちゃんと覚えていられる者はいない。言葉を慎み、自分の手足を抑えていられる者もいない。**いったん自制心を失ってしまえば、自分を抑制し続けることのできる者などいない**のだ。

「重すぎる荷物」を持ってはいけない

このことを理解するには、デモクリトス[38]の教訓を考えてみるといいだろう。彼はこう教えてくれている。公的なことでも、私的なことでも、**多すぎる任務や、自分の能力を超えた任務を引き受けなければ、平穏な気持ちでいられる**、と。

多数の任務をこなそうとバタバタ走りまわる者は、誰かが、あるいは何かが引き起こす問題のせいでその心を悩ませ、怒ることなく一日を過ごす幸運には恵まれない。わたしたちは都会の混雑した場所を急ぎ走りまわるうちに、いやでも多くの人に出くわし、こっちで足止めをくらったかと思えば、あっちで引き留められ、そっちでは泥をかけられる。

この散漫でうわついた生活のなかでは、行く先々で、多くの障害があらわれ、いさかいが起こる。

わたしたちの希望を裏切る者もいれば、その実現を遅らせたり、阻んだりしようとする者もいる。仕事はどうしても自分で計画した通りにはいかない。

わたしたちが多くのことを成し遂げようとするとき、運命はその道を楽にするような〝えこひいき〟はしてくれないのだ。

その結果、何か予定に反したことが起きると、わたしたちは人に対しても、物事に

38）デモクリトスは紀元前5世紀のギリシアの哲学者で、すべての物は原子（アトム）からできているという理論で知られている。

対しても辛抱できなくなり、実にささいな理由で怒り始める。人に対しても、仕事に対しても、運命に対しても、自分に対しても、怒りをおぼえる。

だから、**平静な心でありたければ、さまざまなことを一度に成し遂げようとするあまり、散漫になったり、疲労を溜《た》めたりしてはならない。**

先にも述べたように、**多すぎる任務や、自分の能力を超えた仕事を抱え込んではいけない**のだ。

［第3巻7の2］

荷物を運ぶ家畜のように首に軽いくびきをつけて、荷物をあちらへ、こちらへと運ぶだけなら、たやすいことだし、滑って転ぶこともないだろう。

しかし、自分では運べないほどの荷物を他人の手でたくさん載せられたら、わたしたちは荷物に負けてしまう。

できることなら、なるべく早く投げ出してしまおうとするだろう。その荷物を載せてなんとか踏ん張っていても、重さに耐えかね、よろめいてしまうだろう。

何かをしようと計画するときは、自分の力を測り、自分がやろうとしていることを測り、自分がしている準備を測ることだ。
任務を完了できず、後悔するはめになったら、あなたはきっと怒り始めるはずだ。
自分は活発な人間か、それとも無気力か、意気消沈しているかなど、自分の気性を知ることも重要だ。

失敗は誇り高い人に怒りをもたらし、内気で従順な人には憂鬱《ゆううつ》をもたらす。

小さすぎることを引き受けるのもよくないが、大胆すぎて実力以上のことを引き受けるのもよくない。
自分の抱く希望に冒険をさせたいと思うかもしれないが、それは実際に手が回る範囲にとどめておくのがいい。成功したあかつきに自分でも驚いてしまうような目標には手を出さないでおこう。

［第3巻8］

「誰と一緒に過ごすか」が重要

不正な扱いを受けたと感じることのないように、努力することもまた必要だ。そういう感情をもった際に、どうしたら耐えられるか、わたしたちにはわかっていないのだから。

一緒に過ごす友人は、穏やかで、楽天的な人たちがいい。心配性だったり、いつも落ち込んでいたりしない人たちだ。

わたしたちは次第に仲間の性格に似てくる。まるである種の病気が、病人に触れた人たちの間に広まるように、わたしたちの心も近くにいる人たちの不道徳に染まってしまうものだ。

酔っぱらいは仲間に大酒飲みの喜びを教える。好色漢の仲間と一緒にいれば、硬い石からできているような強い男も軟弱になる。貪欲さも近くに寄る人々の間に広まっていく。

一方で、美徳もまた美徳なりに同じ原則に従うものだ。

美徳は、包み込むものをすべてやさしいものに変える。**心に落ち着きを取り戻したいなら、どんな環境に身を置くよりも、心の優れた仲間と一緒に過ごすことがいちば**

郵便はがき

料金受取人払郵便

芝局承認

6889

差出有効期限
2020年12月
31日まで
(切手は不要です)

105-8790

216

東京都港区虎ノ門2-2-5
共同通信会館9F

株式会社 文響社 行

フリガナ	
お名前	
ご住所 〒 都道府県　区町市郡 建物名・部屋番号など	
電話番号	Eメール
年齢　　才	性別 □男 □女
ご職業(ご選択下さい) 1. 学生〔小学・中学・高校・大学(院)・専門学校〕 2. 会社員・公務員 3. 会社役員 4. 自営業 5. 主婦 6. 無職 7. その他(　　　)	
ご購入作品名	

より良い作品づくりのために皆さまのご意見を参考にさせていただいております。
ご協力よろしくお願いします。

A. 本書を最初に何でお知りになりましたか。
1. 新聞・雑誌の紹介記事(新聞・雑誌名　　　　　　) 2. 書店で実物を見て　3. 人にすすめられて
4. インターネットで見て　5. 著者ブログで見て　6. その他(　　　　　　)

B. お買い求めになった動機をお聞かせください。(いくつでも可)
1. 著者の作品が好きだから　2. タイトルが良かったから　3. 表紙が良かったので
4. 内容が面白そうだったから　5. 帯のコメントにひかれて　6. その他(　　　　　　)

C. 本書をお読みになってのご意見・ご感想をお聞かせください。

D. 本書をお読みになって、
良くなかった点、こうしたらもっと良くなるのにという点をお聞かせください。

E. 著者に期待する今後の作品テーマは?

F. ご感想・ご意見を広告やホームページ、
本の宣伝・広告等に使わせていただいてもよろしいですか?
1. 実名で可　2. 匿名で可　3. 不可

ご協力ありがとうございました。

んだ。

そのことをはっきりと理解するには、野生の動物が人間に慣れ、一緒にいられるようになる過程を見てみるといいだろう。

大きな猛獣であっても、長いあいだ人と一緒に暮らしていれば、その獰猛《どうもう》さは次第にやわらいでいく。平穏な環境にいるうちに、残忍さも薄れて、やがては忘れられていく。

「怒りの原因」に近寄るな

大切なことはまだある。

人がよりよく生きるためには、穏やかな人たちに囲まれてよい手本を見ながら暮らすだけでなく、**そもそも「怒る理由」に出くわさないようにする**のがいい。そうすれば、自分の悪徳が大きくなることもないからだ。

そのためには、自分の怒りをかき立てるだろうとわかり切っている人たちを、すべて避けるに越したことはない。

「つまり、どんな人たちのことだ？」とあなたは聞くかもしれない。そういう人たちはたくさんいる。彼らのすることはそれぞれ異なっているが、その行為がもたらす結果は同じものだ。

傲慢な者たちはあなたを冷笑するだろう。

毒舌家はあなたを侮辱し、**厚かましい者たち**はあなたを軽視する。

悪意に満ちた者たちは意地悪をする。

好戦的な性格の人たちは口論をしかけ、**自慢が好きな者**や**嘘つき**はその虚栄心であなたの気分を害するだろう。

あなたは**疑い深い者**からは警戒され、**容赦のない者**からはやっつけられ、**気取り屋**からは見下されて、我慢できない気持ちになるだろう。

だから、率直で、楽観的で、穏やかな性格の人たちを仲間に選びたまえ。彼らはあなたの怒りをかき立てることもないし、あなたの怒りを我慢することもないだろう。

「敵」がいない場所で争いは起こらない

さらに望ましいのは、謙虚で、思いやりがあって、やさしい友人だ。

もちろん、なんでもかんでもへつらって賛成する人たちのことではない。あなたが怒りっぽい人だったら、それもきっと気に障るだろうから。

かつてわたしの友人だったある男は、善人ではあるが、怒りっぽい性格だったため、彼に追従を言うのは喧嘩を売るのと同じくらい危険なことだった。

たとえば弁論家のカエリウス[39]は怒りっぽいことで有名だった。

こういう話が伝わっている――あるとき、カエリウスの依頼人の1人で、辛抱強いことで知られる男が、彼と一緒の部屋で食事をしていた。

カエリウスのそばにいて、口論にならずにいることは非常に難しい。そこで、その男は、とにかく招待主であるカエリウスの言うことになんでも賛成して「はい、はい」と言っておこうと考えた。

だが、カエリウスは相手が同意ばかりしているのに我慢できなくなった。

「反対意見を言ってくれ。そうでないと、わたしたちは別々の人間とはいえないじゃ

39）マルクス・カエリウス・ルフスは、セネカより1世紀前のキケロと同じ時代の人物で、キケロは裁判で「カエリウス弁護」の演説をおこなっている。

ないか！」と彼は叫んだ。

だが、カエリウスも怒ってはみたものの、すぐにあきらめるしかなかった。相手がまったく怒らないので、そのことにも彼は怒っていたが、**そもそも敵がいなくては喧嘩もできない**からだ。


もし自分が怒りっぽい人間だという自覚があるなら、こういうやさしい人たちを友人に選ぼうではないか。

つまり、**自分の話すことや目つきから、いろいろ察してくれるような人たち**だ。

確かにこういう人たちは、相手を甘やかして、自分が聞きたくないことには耳を傾けない悪い癖をつけてしまう恐れはある。それは彼らの欠点だといえよう。

けれどもそれによって、わたしたちはちょっと立ち止まってひと息つく余裕を与えてもらえる。不平ばかり言う者や、威張っている者たちでさえ、お世辞を言う者の前では折り合いをつけられるだろう。

このように、**人を攻撃しなければ、相手から荒っぽく手厳しい扱いを受けることはない**のだ。

議論が長びいたり、熱を帯びてきたりしたら、それが怒りを呼び寄せる前にやめてしまおう。

口論は口論自体から力を得る。そして、その泥沼にはまり込んでしまった者をつかんで離さない。**争いを始めてから抜け出そうとするより、争いから距離を置くほうがずっと簡単だ。**

「穏やかな心」でいるために大事なこと

怒りっぽい人々は、重荷になるような仕事を引き受けないほうがいい——少なくとも、疲れ切ってしまうような、自分の限界を超える仕事は。

［第3巻9］

心を困難に苦しませるのではなく、芸術の楽しみにゆだねようではないか。

詩を読んで心を穏やかにしたり、歴史の物語を楽しんだりしよう。心をやさしく、丁寧に扱って、気分を変えるようにしよう。

ピタゴラスは心中の悩みを解消するために竪琴《たてごと》をひいた。

知っての通り、ラッパなどの管楽器は刺激が強いけれども、心をなだめる効果のある曲もある。そういう曲を聞くと、心は安らいで、眠りにいざなわれる。

植物の緑は疲れた目を休めてくれる。色によっては、鮮やかすぎて目がくらむ色もあるが、弱った目を慰めてくれる色もある。同様に、楽しい気晴らしは苦しむ心を癒してくれる。

わたしたちは広場や、法律事務所や、法廷、そのほか、自分の悪徳を助長するような場所には近づかずにいるべきだ。[40]

「疲労」が怒りを呼び起こす

また、肉体の疲労には用心しなければならない。

疲労は、わたしたちのなかにあるやさしく穏やかなものをすり減らし、とげとげしい部分を呼び起こすからだ。

同じ理由で、**空腹と渇き**も避けたほうがよい。空腹と渇きは心をすり減らしたり、熱を帯びさせたりするからだ。

「争いを探しまわるのは疲れた者である」という古いことわざがある。

空腹な者、渇いた者、そのほか何かを渇望する者は皆同じだ。ちょうど、傷にごく軽く触れただけで――いや、触れられるかもしれないと心配するだけでも――痛みを感じるように、苦しむ心をもつ人はごくささいなことにも気分を害する。だから、挨拶や手紙や演説だけで、あるいは質問されただけで、裁判を起こす者までいるくらいだ。不快な物事にちょっとでも近づけば、争いに引き込まれることになるだろう。

怒りを抑えるベストタイミング

だから、**怒りという悪徳の最初の兆候を感じたら、その時点で即座に自分を抑えるのが最善だ。**そして、自らに勝手気ままな発言を許さず**「怒りの始まり」を阻止する**のだ。[41]

［第3巻10］

40）ラテン語の「Otium」つまりビジネスや公的な物事によるストレスから自由であることの長所をセネカはさまざまな著作に繰り返し書いている。
41）どれほどよい人であっても、怒りの最初の兆候を感じるはずだとセネカが認識している点に注目したい。重要なのは、それにどう対処するかである。

誰でも、感情が湧き上がってくるのは、簡単に感知できるはずだ。苦しみよりも先に、その前兆が訪れるのと同じだ。

嵐や雨が訪れる前に、それらを警告する兆候が感じられるのと同じように、怒りや愛、そのほか、わたしたちの心を乱す〝つむじ風〟にも必ず前兆がある。

発作[42]を起こすことのある人たちは、発作が始まりそうなときは自分でそれとわかるという。

手足から熱が失われ、視界がぼやけ、神経質な震えが始まり、記憶があいまいになり、頭がくらくらすると、発作が始まるという。彼らは発作の始まりの時点で、いつもの治療法を用いて阻止しようとする。

何か味や匂いの刺激によって、自分の心にとりつくものを撃退し、湿布を用いて寒気や硬直と闘う。薬を使ってもだめだった場合、彼らは身を隠して、人の見ていないところで発作に倒れるようにする。

「何」があなたをイライラさせるのか?

自分の病気を知り、それが悪化する前に抑えることは、わたしたちの誰にとっても

有益だ。だから、自分を最も イライラさせるものは何か、考えておく必要がある。

それが無礼な話し方だという人もいれば、無礼な行いだという人もいるだろう。自分は位が高いと思われたい人もいれば、容姿が優れていると思われたい人もいる。とても洗練されていると思われたい人もいれば、非常に教養があると思われたい人もいる。

傲慢な態度を我慢できない人もいれば、頑固な態度を我慢できない人もいる。奴隷たちは怒るにも値しないと考える人もいれば、家では横暴だが、外ではおとなしい人もいる。

ものを頼まれることを侮辱と考える人もいれば、頼まれないのを侮辱と考える人もいる。

……つまり、わたしたちの誰もが同じ理由で傷つくわけではないのだ。

自分の最も傷つきやすいところはどこか、知っておこう。そうすれば、そこを最も

42）ここでいう発作とは、癲癇《てんかん》のことだ。セネカは癲癇を「comitialis vitium」つまり「議員の病」とも呼んでいる。議会で癲癇の発作が起きたら、すぐに退場しなければならない規則になっていたからだ。

よく守ることができるだろう。

人は皆「怒らない権利」をもっている

［第3巻11］

すべてを見聞きすることが、常に自分にとって利益になるとは限らない。

たとえば自分が侮辱されたとする。それに気がつきさえしなければ、気分を害することはない。

あなたは、できることなら怒りとは無縁の人になりたいと思わないか？　それなら、あまりいろいろ詮索しないことだ。

自分についてどんなことが言われているか調べる人、秘密にされている自分への悪口を明るみに出そうとする人は、自分で自分の心をかき乱している。

人の言うことが侮辱かどうかは、解釈次第だ。

実際、そのなかには、そのままずっと放っておくべきこともあるし、笑い飛ばすべきこともあるし、許してやるべきこともある。

さまざまな方法を使って、怒りを寄せつけないようにしよう。たいていのことは、冗談や、おふざけにしてしまうのがいい。

ソクラテスのこういう話が伝わっている。

あるとき、彼は頭を殴られたが、ただこう言っただけだったそうだ。

「どんなときに兜《かぶと》を被《かぶ》ってでかけるべきか、わからないのは困ったものだな」


侮辱というのは、どのようにおこなわれるかが問題なのではない。どのように受け取るかが問題なのだ。


自分を抑えることがどうしてそれほど難しいのか、わたしにはわからない。

なぜなら、富と権力で傲慢になっている独裁者でさえ、彼らにとっては当たり前ともいえる残酷さをちゃんと抑えた例もあるのだから。

アテナイの僭主《せんしゅ》ペイシストラトスについて、こんな話が伝わっている。

あるとき、宴会の席で、酔っぱらった男が「ペイシストラトスは残酷だ」と罵ったところ、ほかの大勢の者たちもそれに同調して、あちこちで彼に対する悪口を言い始めた。

しかし、ペイシストラトスは心穏やかに耐え、自分を悪く言った者たちに対してこう返したという。

「わたしは怒りはしない。目隠しをした男にぶつかられても怒らないのと同じだ」

怒りに「主導権」を握らせない

自分自身と闘おう。怒りを征服したいのなら、怒りに自分を征服させてはならない。**怒りを隠したままにし、外に出さないでいられるなら、あなたはすでに勝ちをおさめつつある。**

［第3巻13］

できる限り、怒りの兆候を隠し、秘めたままにしておこう。

そのためにはもちろん、並大抵ではない努力が必要だ。怒りは外に飛び出して、わたしたちの両目を燃え上がらせ、顔をゆがめさせたくてしかたがないのだから。

だが、怒りがいったん放たれてしまえば、それはたちまちわたしたちの上に君臨してしまう。

怒りは心の奥底に埋めておこう。

怒りを我慢するのではなく、怒りに我慢させるのだ。

怒りが顔の表に出ようとしたら、その反対の様子を表すように努めるといい。表情を穏やかにし、声をやわらげ、足取りをゆっくりにする。そうすれば、内なる感情も少しずつ、外側の様子に同化していくはずだ。

ソクラテスの場合、声が低くなり、口数が少なくなると、彼が怒っている印だった。それはまるで、自分に蓋をしているかのようだったという。

そういうとき、友人たちは彼をつかまえて「あなたは今、怒っていますよね」と忠告した。

自らの隠れた怒りを指摘されても、ソクラテスは嫌がらなかった。むしろ、彼は喜んでいたはずだ。

多くの友人たちが彼が怒っていることを理解してはいたが、その怒りは目に見えて感じられるほどではなかったからだ。

もし、ソクラテスが友人たちと互いに「厳しく指摘すること」を許し合う仲でなかったら、彼の怒りは誰の目にも明らかなものになっていただろう。

わたしたちに必要なのも、まさにそういうことだ。親友の一人ひとりに頼んでおこうではないか。「わたしが最もそうしてほしくないと思っていそうな瞬間にこそ、勇気をもって反対してほしい。わたしの怒りに同意しないでくれ」と。

怒りは実に強力であり、しかも、わたしたちの心にとって、ある意味〝心地のいい〟悪徳でもある。

だから、**怒りに対抗できるよう、友の助けを借りようではないか。**わたしたちがまだ明確に思考することができ、自分を制御できているうちに。

葡萄酒《ぶどうしゅ》を飲めばすぐに酔い、無分別でだらしなくなってしまうことを心配する者は、宴会場から自分を連れ出してくれるよう、同席者に頼んでおく。

「病んでいる」ときに自分がどれほど見境のないことをしてしまったかを覚えている者は、健康が衰えているときの自分の命令には従うな、と、まわりの人々に命じておく。

どんなときも「怒りを抑える方法」は存在する

自ら覚えのある悪徳を防ぐためには、その方法を前もって考えておくことが最善

だ。そして何より、突然、深刻な事態にみまわれたときでも怒りを感じないように、心の準備をしっかりしておくことだ。

あるいは、たとえ、その予想外の攻撃の強さによって怒りが煽られても、その感情を心の奥底に引き戻して、苦痛を表に出さずにいられるように、心の準備をしておこう。

それが可能だということは、あなた自身わかっているはずだ。

数ある先例のなかから、いくつかを紹介してみよう。

権力をもつ者が怒りの力を振るえば、怒りがどれだけの災難をもたらすか、そして、**怒りよりも大きな恐怖によってそれを抑えようと努めれば、怒りを抑えることは不可能ではない、**という例を。

［第3巻14］

酒を飲み過ぎたカンビュセス王[43]を見て、側近の1人であるプレクサスペスは「君主

43）カンビュセス王は、キュロス大王の息子で、紀元前6世紀後半のペルシア帝国を統治した。セネカはこの物語をヘロドトスの『歴史』第3巻から引用している。

の姿は万人の目に入り、君主の言葉は万人の耳に届くのですから、酩酊《めいてい》することは恥ずべきことです。酒量を減らしてはいかがでしょうか」と進言した。

するとカンビュセスはこう答えた。

「余が正気を失うことなど、絶対にないことをおまえにわからせてやる！　酒を飲んだ後でも、余の目と手はきちんと役目を果たすことを今すぐ見せてやろう」

それから、杯にたっぷりと注いで好きなだけ酒を飲み、ついに泥酔すると、自分をいさめたプレクサスペスの息子に「入り口の外に立って、左手を頭の上に上げていろ」と命令した。

そして弓を引き絞ると、少年の心臓をまっすぐ射抜いた。

射る前に、心臓を狙うと彼は言っていたのだ。そして、少年の胸を切り開かせると、心臓に矢じりがしっかり刺さっていることを示した。

王は少年の父親のほうを振り返ると、「どうだ、余の手はまったく正確であろう」と言った。プレクサスペスは、「アポロ神さえも、ここまで正確に射ることはできないでしょう」と答えた。

――どうか、神々がプレクサスペスを戒めますように。彼は身分は奴隷ではなくとも、心は奴隷に成り下がっていたのだ。なぜなら、目を背けたくなるほどの辛《つら》い悪事を前にしながら、自ら進んでそれを褒めたたえたのだから。

自分が原因となってしまった殺人を目撃し、息子の死体のそばに立つとき、父親がどのようにふるまうべきだったのか。それを考えるのはまた別の機会に譲ろう。

少なくとも今はっきりと言えるのは「怒りを抑えることは可能だ」ということだ。

（セネカの現存の著作のなかで、本項の約束は果たされていない。先述の第2巻33のパストルの例では自分の息子が殺されることを従順に受け入れたパストルを称賛していたのに、ここではプレクサスペスの無抵抗な態度に納得していないように見える。自身のカリグラやネロとの関係においても出現したこのようなジレンマに対し、セネカはおそらく明確な解決策を見出すことができなかったのだろう）

［第3巻15］

ハルパゴス[44]も、ペルシアの統治者である王に対してプレクサスペスと似たような諫《かん》言《げん》をおこなったに違いない。

44）紀元前6世紀のメディア帝国の高官で、アステュアゲス王の召使いだった。この話も前の例と同じく、ヘロドトスの『歴史』から引用されている。ハルパゴスは、アステュアゲス王が殺せと命じた赤ん坊の命を密かに助けて、王を怒らせていた。セネカが後に執筆した悲劇『テュエステス』は、このハルパゴスが罰として王から人の肉を食べさせられた話によく似ている。

彼の言うことに気分を害した王は、彼の子どもたちを殺して、その肉を晩餐のテーブルに載せて食べろと強制し、味が気に入ったかと尋ねた。そして、ハルパゴスが己の罪で満腹になったころを見計らって、子どもたちの首を持ってこさせ、この肉はおいしかったかと問うた。

哀れな男は口を閉ざすことはせず、しっかり返答した。「陛下とご一緒できれば、どんな食事も美味でございます」と。

この追従から、彼は何を得たのか？ ——残りを全部食べろとは言われずにすんだのだ。

わたしは、父親が王の行いを咎《とが》めてはいけないと言っているのではない。これほどまでに恐ろしい〝怪物〟の行為に対して復讐を望んではいけないと言うつもりもない。それでも、今はこのことを教訓として学びたいと思うのだ。**怒りを生じさせたのがどれほど恐ろしい悪徳だったとしても、怒りを隠すことは可能なのだ、**と。

心のなかの怒りとは相反する言葉を発することは、けっして不可能ではない。

このようにして怒りを抑えることは、とりわけ王の宴席に招かれるような運命を生きる者にとっては必要不可欠なことだ。

そういう者は、王と食事をするときも、酒を飲むときも、聞かれたことに返答するときも、常に怒りを制御していなければならない。そして、自らの肉親の死にさえ、微笑《ほほえ》んでいなくてはならない。

(ここでは省略したが、この話の後にはさらに驚くべき話が記されている。セネカは残酷な主人に仕える者に自殺を勧めているのだ。ここでは怒りを抑えることの重要性を語っているので、暴君に従順な態度を示すことを前提として考えてはいるが、それでも、セネカは暴君に従うことだけが取るべき道だと考えたわけではないということだ)

怒りの「激しさ」を知るほど見えてくるもの

[第3巻18の3]

いや、しかし、わざわざこうした古い話を持ち出す必要もないだろう。

つい最近の話だが、[45] カリグラはたった1日のうちに、執政官の息子であるセクス

45) わたしたちの推測する『怒りについて』の執筆時期が正しければ(つまり、それが間違っていると証明されなければ)、この出来事はセネカがそれを記した日からおよそ10年前に起きていたはずだ。

トゥス・パピニウス、それから、王自身の財務官であり、プロクラトル（王の代官）だった人の息子でもあるベティリエヌス・バッスス、そのほかの元老院議員たち、ローマの騎士たちをむち打ち、拷問して殺した。尋問のためでなく、自分の楽しみのためにだ。

彼の残虐さはその大きな喜びを即座に求めていたので、実行を先に延ばすのを嫌ったのだ。

たまたま、彼が狙っていた者たちが、その妻たちや、ほかの元老院議員たちと一緒に、彼の母親が住む邸宅の庭の回廊（邸宅のベランダと川を隔てる回廊のこと）[46]を歩いているのに出くわしたので、すぐに街頭で斬首の刑に処した。

カリグラはなぜ、そんなにまで急いだのだろうか。

ひと晩待てば、皇帝本人に、あるいは帝国に、なんらかの危険がおよんだとでもいうのだろうか。

夜が明けるのを待つのは、簡単なことだったはずだ。そうすれば、ローマ市民の元老院議員たちもサンダル履き（の油断した姿）で殺されずにすんだのに。

［第３巻19］

もしかしたら、話が本筋から少し逸《そ》れて、遠回りをしているのではないかと感じる人もいるかもしれない。

しかし、彼の残虐さがいかに傲慢なものだったかを理解しておくのは、意味のあることだろう。わたしたちは**常《じょう》軌《き》を逸《いっ》した激しい怒り**についての話をしているのであり、これはその話の一部だからだ。

カリグラはそれ以前にも、元老院議員たちをむちで打ち殺したことがあった。彼のせいで、そういうことも「よくあることだ」と言われるようになった。

彼は可能な限り、最も苦痛を与える方法で人を拷問した。竪琴の弦、足首を挟む締め具、まぐさ台、火、それに自分の顔を使って。

ここまで聞いたら、あなたはきっとこう言うだろう。

「なんて恐ろしい！　3人の元老院議員をまるで価値のない奴隷のように打ちすえ、炎で焼き、切り裂いてしまうとは。あの男はすべての元老院議員を虐殺しようとたく

46）セネカはまるで、この邸宅のことを読者によく知ってほしいと考えてでもいるような書き方をしている。カリグラの母親の大アグリッピナは、アウグストゥスの孫。

らんでいたのだろう。それに、ローマの人々が皆でただ1つだけの首をもっていればいいのにとも思っている。そうであったなら、自分の罪深い行為を時間をかけて多くの場所でおこなう必要もなく、たった1日のたった一撃ですませてしまうことができるのだから」と。

長くなるが、こんな話も付け加えておこう。

カリグラは、自分が殺した者たちの父親たちも、その晩のうちに百人隊長を派遣して殺してしまった。〝慈悲深い〟皇帝はその父親たちを苦しみから解放してやったというわけだ。

しかし、わたしの目的は、カリグラの残虐さを語ることではない。彼の怒りを語ることだ。

カリグラの怒りの力は、一人ひとりの人間に対して猛威を振るっただけではなかった。あらゆる民族を引き裂き、都市や川など、痛みを感じることさえできないものたちまでも攻撃したのだ。

これと同じように、ペルシアの王はシリアの国のすべての民の鼻を削《そ》ぎ落とした。それ以来、この土地はリノコルラと呼ばれるようになった。[47] 首を切り落とすことだけは容赦してやったのだろう、とあなたは思うだろうか。そうではない。彼はただ、この新しい刑罰を楽しんでいたのだ。

［第3巻20］

「悪口」を言われても怒らない強さ

……怒りを避けるべき例については、これくらいにしておこう。反対に、見習うべき例についても考えようではないか。

［第3巻22］

怒るべき理由も復讐をする能力もあったにもかかわらず、節度のある、穏便な態度をとった人たちという手本だ。

47）リノコルラ（Rhinocolura）はギリシア語で「鼻削がれ」という意味。おそらく、この名前が、セネカがここで語っている物語の起源なのだろう。ペルシアの王（おそらくはカンビュセス王？）や、彼が罰を与えたというシリアの人々について伝えている文書はほかにない。

たとえば、アンティゴノス王[48]にとっては、おそらくたった2人の兵士を処刑させることなどごく簡単なことだった。

その兵士たちは王の天幕に寄りかかって、危険なことだと知りながら、誰でもやりたがる、あることをした。つまり、自分たちの王の悪口を言ったのだ。

アンティゴノス王はそれをすっかり聞いていた。話している者たちと聞いている王の間には布1枚しかなかったからだ。

彼はやさしくその布をよけると、こう言った。

「もっと遠くで話したほうがいいぞ。王に聞こえないようにな」と。

（以前から指摘されていることだが、忍耐と穏やかな心について語るセネカの肯定的な逸話はどれも、憤怒や残虐さについて語る逸話ほど説得力がない。この作品でも、このような肯定的な逸話は数が少ない）

なぜ、あなたはそれを「許せない」のか？

セネカは第3巻の最後で、第2巻で語った「態度を改める」というテーマに戻り「自分を重要な人間だととらえる自信過剰な考えは、人から不当に扱われたという思いにつながりがちなので、そういう考えは捨てるべきだ。もし、それができないのであれば、不当な扱いをした相手を許してやるべき理由を見つけるよう努力すべきだ」と読者に勧めている。

そのなかで最も重要なのは、やはり第2巻でも述べていたように「人間は皆間違いを犯すものなのだから、人を断罪することはやめて、慈悲の心をもつこと、同じ人間なのだから、お互いに寛大でいることだ」と主張している。

［第3巻24の2］

話し声が大きすぎるとか、不満げな表情をしたとか、自分のささやき声の命令にすぐに応じなかったからといって、奴隷を足枷《あしかせ》や鞭で罰するべき理由があるだろうか？自分の耳に不快な言葉を吐くのが罪だと言うとは、いったい何様のつもりなのか。敵さえも許せる人がたくさんいるのに、怠け者、不注意な者、おしゃべりが過ぎる者を許すことが、なぜできないのか。

48）紀元前4世紀後半、アレクサンドロス大王の死後、後継者の地位を巡る争いで認められ、王位についたマケドニアの指導者。

あなたの気分を害したのが友人ならば、彼は自分が何をしているか、わかっていなかったに違いないと思えばいい。

それが敵であれば、彼は当然のことをやっただけだ。

賢い者であれば、信頼してやろう。

愚かな者であれば、容赦してやろう。


相手がどんな人でも、こう考えたらいい。

「どんなに賢い人でも、多くの失敗をするものだ。どんなに注意深い人でも、いつもの勤勉さを保てないときもある。どんなに成熟した人でも、状況の変化にあわてて、つい軽はずみな行動をとってしまうことはある。人の気に障ることのないようにどんなに気をつけている人でも、うっかり人を怒らせることをしてしまうときはある」と。

［第3巻26］

怒らなくても不正は罰せられる

しかし、あなたはこうも言うかもしれない。

「何もせずにいるなんて無理だ。正しくないことを我慢してなどいられない」と。だが、それは嘘だ。自分が怒っていることに耐えられるなら、正しくないことにも我慢できるはずだからだ。

こうも考えてみてほしい。

あなたが怒りに耐えなければならないのも、損害に耐えなければならないのも、どちらもあなた自身が怒ってしまっていることに原因があるのだ。

病める者が怒鳴りちらしたり、精神錯乱者が暴言を吐いたり、幼い子どもたちの手がいたずらをしたりするとき、きっとあなたは黙って我慢しているだろう。それは、彼らが自分が何をしているのか、わかっていないことが明らかだからだ。

どんな原因が彼らの一人ひとりに見境のない行動をとらせているのか、それを考えても意味はない。見境のなさを言いわけにするなら、それはすべての人にとって同じことだ。

「それなら、そいつはお咎めなしなのか？」とあなたは言うかもしれない。彼が罰を受けないことを、あなたも望んでいる振りをしておけばいい。それでも結局、彼は罰を受けるのだから。

間違ったことをした者にとっての最大の罰は、それをしたこと自体なのだ。[49] 後悔は拷問であり、後悔する者ほど辛い目にあう者はいないのだから。

この世から怒りを取り除くたった1つの方法

それに、わたしたちがあらゆる不運について公平な審判を下すためには、人間の状態を全般的に見る必要がある。

わたしたちは皆、軽率で無分別だ。誰もが不安定で、喧嘩好きで、野心家だ。

それに、明らかにわかりきった悲しい事実を、やさしい言葉でごまかすのはやめておこう。

わたしたちは皆、悪人なのだ。だから、わたしたちの一人ひとりが他人を咎めるなら、自分の胸に聞いてみれば、それは自分にもあることなのだ。

あの人は顔色が悪い、あの人は痩せ過ぎだと言ってなんになるのか。それを言うなら、われわれは皆病気だ。

お互いに対してもっとやさしくなろう。わたしたちは皆、悪人のなかに生きる悪人にすぎないのだから。

わたしたちに平安をもたらしてくれるのはただ1つ、お互いに対して寛大であることだ。

「彼はわたしに害を与えた。わたしは彼に何もしていないのに」とあなたは言うかもしれない。だが、あなたはすでに誰かほかの人を傷つけているだろうし、これからもそうするだろう。

この1時間、この1日のことだけで考えてはいけない。あなたの心のあり方のすべてを考える必要がある。たとえ今、何も悪いことをしていなくても、これからしてしまう可能性はゼロではない。

［第3巻28］

あなたは「この人」に激怒し、次は「あの人」に激怒する。奴隷に、解放奴隷に、親に、子どもに激怒する。有名人に激怒し、普通の人に激怒する。

あなたの心が怒りから自分を守ろうとしない限り、怒る理由はいくらでも見つかるだろう。

49）69ページ／脚注23を参照。

「この人」に怒って振り回され、次は「あの人」に怒ってまた別の方向に振り回される。新しい癇癪《かんしゃく》の種が次々に見つかるから、あなたの怒りはやむことがない。

不幸せな人よ、あなたは愛することを知らないのか。なんという大切な時間を、あなたは悪のなかに浪費していることか。

それよりも、友情を育み、憎悪を減らし、公共の利益を考え、家庭に努力をつぎ込むほうがどんなによかっただろう。

それなのに、あなたは誰かにどんな害を与えることができるか、その相手の評判や財産や体にどんな傷を与えることができるか、そんなことばかり考えている。

そんなことをすれば、たとえ競争相手があなたより劣っていたとしても、あなた自身が戦いと危険に巻き込まれるだけだ。

［第3巻33］

金銭を巡る争いには一銭の価値もない

金《かね》のこととなると、人は大騒ぎをする。金は法廷を疲労させ、父親と子を反目させ、毒を調合させ、兵士に剣を持たせるだけでなく、殺人者にも剣を持たせる。

金にはわたしたちの血が浸み込んでいる。金のために、夫婦の夜は口論とわめき声に費やされ、群衆は政務官の審判席におしかける。王たちは虐殺し、略奪し、長年の苦労を経て築かれた都市を破壊してしまう。その灰のなかで金銀を探し出すためだ。

部屋の隅に置かれた大金の袋を見るのはいい気分だ。

だが、人々が喧嘩をして相手の目をえぐり、裁判を巡る叫び声が法廷に響きわたり、裁判官が遠方から呼び寄せられて法廷の席につき、どちらの側の貪欲に理があるかを決めなければならないのも、すべてこのような大金の袋のためなのだ。

跡継ぎもなしに死のうとしている老人が、大金の袋のためではなく、ほんのひと握りの銅貨、あるいは奴隷が経費として請求するたった1デナリウス[50]のために、心を引き裂かれるほどに立腹していたとしたら、あなたはどう思うか。

病に苦しむ金貸しが、手足が節くれだって、もう金を数えることもできないのに、1割や1パーセントの利息のために、病の激痛のなかで金を返せと叫んでいたとした

50）デナリウスはローマ帝国の標準的な通貨単位。セネカの時代、ローマの歩兵隊兵士の週給は4～5デナリウスだった。

ら、どう思うか。

もし、すべての鉱山から多大な労力をかけて掘り出してきた金をそっくりわたしにやると言われても、国庫に隠されている金がすべてわたしの前に投げ出されても（不正に抜き取られた分もあるだろう。強欲者がそれを地下に隠しているからだ）、よい人に眉をひそめられるくらいなら、それらの金はすべて受け取るに値しないとわたしは思う。[51]

わたしたちの涙を誘うものが、一方でいったいどれだけの笑いを伴っていることか！

「それ」は本当に怒るだけの価値があるか？

〔第3巻34〕

さて、それ以外の侮辱――料理、飲み物、飲み食いするときに人々が大切にする礼儀にまつわるもの――についても考えてみよう。

侮辱のこもった言葉、礼儀を欠いた動作、言うことを聞かない荷役用の家畜、怠け者の奴隷……。それから、人の言葉に対する疑いや、悪意のある解釈。

まるで、人間に与えられた言語という恩寵《おんちょう》も、自然の与えた災難の1つとしか考えられなくなりそうだ。

しかし、どうか信じてほしい。これらのことは、ちっとも深刻なことではない。それなのに、わたしたちはそれらのことで激怒してしまう。幼い少年たちが喧嘩し、口論する程度のことにすぎないのに。

わたしたちはそんなつまらないことを大げさに考える。だが、それらはまったく、深刻なことでも、重要なことでもない。

だから、**あなたの怒りは一種の狂気だ**と、わたしは言うのだ。

あなたはまったく価値のない物事に、とんでもない値段をつけて扱おうとしている。

［第3巻36］

「怒らない自分」になるために毎日やるべきこと

わたしたちは自分の感覚をすべて、落ち着いた状態にしていなければならない。

わたしたちの感覚には、本来回復する力が備わっている。心がそれを弱らせさえし

51）セネカはここで富を軽蔑しているかのように書いているが、これは空々しく聞こえる。彼自身は大金持ちであり、せっせと金を貸して、さらに増やしたという説もあるからだ。

なければ。

だから、わたしたちは自分の心持ちを毎日、反省してみる必要があるのだ。

セクスティウス[52]はそうしていた。彼は毎日、寝る支度をするときに、自分の心持ちに問いただしていた。

「今日、おまえは自分のどんな悪いところをなおしたか。どんな過ちに抵抗したか。どんなところが前よりよくなっているか」

毎日、こうした審判を受けることを知っていれば、怒りも弱まって、控えめになるはずだ。

これは、**その日にあったことのすべてから、悪いことをなくしていく方法**だ。これ以上に優れた方法があるだろうか。

このような自己内省の後に訪れる眠りはどんなに安らかで、深く、憂いのないものだろうか。心が褒められ、あるいは叱られた後、自分のなかの観察者、隠れた裁判官によって自らの人柄が明かされてから訪れる眠りは。

わたし自身もこの方法の助けに頼ることにしていて、日々、自分の〝法廷〟で弁論をおこなっている。

昼の光が薄れ、わたしの習慣をよく知っている妻が静かにしていてくれるとき[53]、わたしは検査官となり、自らの一日の行いと言葉を考え直してみる。何も隠さず、何も見過ごさない。自分の間違いを恐れる理由はない――こう言える限りは。

「もう二度とやらないようにする。今回は許してやろう。あの議論で、おまえはあまりにも喧嘩腰だった。これからは、無知な者たちと関わって時間を無駄にしないようにしよう。これまで学んでこなかった者たちは、これからも学ぶ気がないのだから。

あの男に説教するときは、もっと控えめにするべきだった。結局、彼の気分を悪くさせただけで、彼が向上する助けにはならなかった。

52）89ページ／脚注36を参照。

53）セネカは自分の著作のなかで、家族についてはほとんど明白に語っていない。これより後の著作で、自分よりずっと若いパウリナという貴族の女性が妻であると書いているが、結婚は1度だけではなかった可能性もある。

次からは、自分の言うことが真実かどうかだけでなく、それを聞く側が真実に耐えられるかどうかを考えよう。よき人は注意されれば喜んで聞くが、だめな者ほど指導されれば気分を害するものだから」

1歩後ろに下がってみよう　［第3巻37］

晩餐の席であなたを邪魔しようと投げつけられた冗談や意見に、あなたは傷ついただろうか？

忘れてはならない。くだらない連中の集まりは避けるようにしよう。素面《しらふ》のときでさえ恥知らずな連中は、酒が入るとますます何を言ってもいいと思うものだ。

あなたの友人が弁護士や金持ちの家の門番に追い返されて気分を害したために、あなたも友人の味方をして、そのなんの価値もない奴隷に腹を立てているのか。

もしそうなら、あなたは鎖につながれた番犬にも怒るのか。番犬でさえも、しばらく吠えた後で餌を投げてやれば、なついてくるものだ。

1歩後ろに下がってみよう。そうすれば、笑えるから。

「その男は訴訟当事者たちがおしかける戸口を見張っているから、自分は偉いと思っている。一方、なかでくつろいでいる男は幸せ者だ。人を簡単に家に入れてやらないのは、自分の地位が高く、権力のある証拠だと思っているからだ。[54]

だが、彼はわかっていない。最も出入りのしにくい戸口は、彼の家の戸口などではなく、監獄の戸口だということが。

自分の前途には我慢しなければならないことがたくさんある、と、あらかじめ覚悟しておくべきだ。

冬に寒さを感じるからといって、船に乗って船酔いになったからといって、あるいはにぎやかな街を歩いていて人にぶつかられたからといって、驚く者はいないだろう。**覚悟しておいた物事に対しては、心は強くいられるものだ。**

54) ローマにはパトロン（支援者）の制度があり、裕福な者や権力をもつ者（他人を助ける能力のある者）の屋敷の戸口にはいつも支援を求める人々がおしかけていた。

あなたは食卓で下座に案内されて、上座についているほかの招待客や主人に腹を立てている。

……まったく、どうかしている！　晩餐の寝椅子のどの部分についているかなど、どうでもいいことではないか。

寝椅子のクッション次第で、人が偉くなったり、卑しくなったりするというのか？

誰かがあなたの才能をけなしたからといって、あなたはそいつをにらみつける。それなら、あなたはそんなやつの決める尺度を受け入れるということか？[55]」

［第３巻38］

誰かがあなたを侮辱した。だが、それはストア派の哲学者ディオゲネス[56]が被ったほどひどい侮辱ではなかっただろう。

彼が怒りについて論じていたときに、傲慢な若者が彼に唾を吐きかけたのだ。

それでも、彼は穏やかに我慢して、こう言った。

「わたしは怒っていないよ。怒るべきかどうか、よくわからないんだ」

限られた時間を無駄にしないために

セネカはこの随筆の壮大な結末で、ずっと彼の心から離れることのなかった「迫りくる死」というテーマを取り上げている。

怒りという悪を追い払おう。心からすっかり追い出して、根絶やしにしよう。

ほんの小さなかけらがどこかに残っていれば、それはまた勢いを盛り返してくる。怒りを抑えつけるだけでなく、すっかり絶滅させよう。

そもそも、悪とぶつかり合えば、それを抑えるのは難しい。だが、努力さえすれ

【第3巻42】

55）セネカが第3巻36で始めた話がどこで終わり、より一般的な話がどこから始まっているのか、はっきりしない。とにかく、話の最後では自分自身ではなく、公衆に向かって話しかけていることが明らかだ。

56）有名なキュニコス派のディオゲネスではなく、紀元前2世紀にストア派のリーダーだったバビロニアのディオゲネスのこと。本書に出てくるほかの逸話と同様、この話もほかの文献では確認されていない。

ば、わたしたちは悪を絶滅させることができる。

そのために何より役に立つのは**「死すべき定めをよく考える」**ことだ。

誰に対しても、自分に対しても、こう問いかけるのがよい。

「まるで永遠に生きる定めでもあるかのように、怒りを口に出して、短い人生を無駄にして、何が楽しいのか？

気高い喜びに捧《ささ》げることのできる日々を、他人を苦しめ、痛めつけることに捧げて、何が楽しいのか？

わたしたちの日々は使い放題ではない。無駄にする時間などない。それなのに、なぜ、争いに飛び込んでいくのか？ なぜ、我が身に紛争を招くのか？ なぜ、自分にも弱さがあることを忘れて、途方もない憎しみを抱くのか？ 自分も破滅させることになるのに、人を破滅させようと考えるのか？

どんなにしっかりと心に抱いていた憎しみでも、いつかは熱病が、あるいは別の病気がそれを終わらせるときがくる。どれほど熾烈《しれつ》な闘いであっても、いつかは必ず死が割って入る。

わたしたちはなぜ、騒動を起こし、反逆者のように自分の人生を無秩序のなかに投げ出すのだろう。

わたしたちの頭の上から運命が見下ろし、少しずつ近寄りながら、残り少なくなっていく日々を数えている。**あなたが他人の死を期待して数えている時間は、おそらくあなた自身の死までの時間と同じなのだ**」

［第3巻43］

「それより、限られた人生を大切にして、自分のためにも、人のためにも、穏やかなものにするほうがいい。生きているあいだは、皆から愛されるにふさわしい者になり、去りゆくときには心から惜しまれる者になろうではないか。

なぜ、自分を傲慢にあしらった男を引きずり下ろそうと望むのか？

なぜ、自分に噛みついてきた者をなにがなんでも懲らしめようと望むのか？

あんな卑しい、人から軽蔑される男を。自分より優れた者に会えば難癖をつけ、嫌がらせをせずにはいられない男を。

なぜ、奴隷に、主人に、王に、自分を頼って生きる者たちに、怒りをぶつけずにはいられないのか？

ちょっと考えてみるがいい。すぐそこまで死がやって来ている。死の前には、あなたも彼らもまったく同等だ」

生きているうちにすべきことの優先順位

わたしたちは、闘技場で互いにつながれた雄牛と熊が戦うのを、何度も見た。互いに痛めつけ合うが、どちらも結局は止《とど》めを刺される。

わたしたちがやっていることも、これと同じだ。

われわれは自分につながれた誰かを攻撃している。だが、勝者にも敗者にも終わりは近づいているし、すぐにここまでやって来る。

そんなことをしているより、**残されたごく少ない時間を大切にして、静かに、穏やかに過ごそうではないか。**棺《ひつぎ》に置かれたわたしの死体を憎む者がいないように。

近くの家から「火事だ！」という叫び声が聞こえれば、喧嘩をしていた者たちも喧嘩をやめる。野獣が現れれば、強盗や山賊も逃げ出す。

大きな恐怖が出現するとき、小さな騒ぎに関わっている暇はない。争いや裏切りがいったい何だというのだ。

あなたが誰かに本当に激怒しているなら、そいつに対して望む最悪のことは死だろう。そう、彼は必ず死ぬ。あなたが何もしなくても、だ。

どうせそうなるに決まっていることを、ひたすら望むのは、無駄な努力だ。

あなたが最悪の罰を望んでいるにしろ、あるいはもう少し寛大な罰を望んでいるにしろ、相手が罰を受けてひどく苦しむ時間も、あなたがその苦しみを与えて邪悪な喜びにひたる時間も、どちらも一瞬で過ぎ去ってしまう。わたしたちは皆、ほどなくして生命の最後の息を吐くことになるのだから。

だから、**今の、まだ息をしているあいだは――まだ人の世にいるあいだは――人間らしい、寛大な心を大切にしようではないか。自分が人の恐れや危険のもとにならないように。**

人から与えられる危害、悪意、侮辱、嘲《あざけ》りなどは、無視しておけばいい。そんなすぐに過ぎていく災難は我慢しておこう。後ろを振り返れば、死はいつだってすぐそこまで迫ってきているのだから。

（了）

訳者あとがき

——船山むつみ

「怒りは人の感情のなかで、最も醜く、最も狂暴なものだ」とセネカは書いている。

世の中には、怒りっぽい人もいれば、穏やかな性格の人もいるだろうが、発火点の違いはあれ、怒りという負の感情から完全に自由でいられる人はいないだろう。

セネカもまた、怒りを超越した聖人の立場からこの作品を書いたのではなく、自らも自分の怒りをどうしようもできず、苦しい思いをしたことがある人だったに違いない。怒ったことを恥ずかしく思って後悔したり、怒ったことでかえって損害を被ったりした経験もあったのだろう。

だからこそ、彼の一言ひとことが、2000年の時を超えて直接、わたしたちの心に響いてくる。本書は、自分の怒りをしずめるべく、苦しみながら思いを巡らした先達からのあたたかい助言の書だと思う。

ルキウス・アンナエウス・セネカは、ローマ帝国の属州ヒスパニア・バエティカ（スペインのアンダルシア地方）の州都コルドバに生まれた。生年は紀元前1年とも、紀元前4年ともいわれている。少年時代にローマに移り、雄弁術や修辞学、ストア派の哲学などを学んだ。20代で大病を患い、叔母の夫が総督をつとめていたエジプトで療養し、見聞を広めた。

30代で財務官の職に就き、その後、元老院議員になった。紀元37年、カリグラが皇帝に即位し、やがて残忍な性格を露わにし始めると、セネカもその雄弁の才を妬まれ、処刑されそうになったといわれている。

カリグラが親衛隊によって暗殺され、その叔父にあたるクラウディウスが皇帝に迎えられると、セネカは、皇妃メッセリナから、カリグラの妹の1人と密会していると告発され、コルシカ島に流された。やがて、メッセリナが失脚し、処刑されると、カリグラのもう1人の妹の小アグリッピナが、叔父であるクラウディウスの妃になった。自分の連れ子であるネロを皇帝の養子にして、後継者にするのが目的だった。

セネカはローマの政界に復帰するとともに、ネロの家庭教師となった。クラウディウスの死により、ネロが即位したが、最初の5年間は名君だったといわれている。

セネカも皇帝を補佐して、権力の絶頂にあり、富も手にした。しかし、やがて、ネロも暴君と化し、セネカは保身のため政界を引退したが、結局、紀元65年、甥《おい》がネロを倒す陰謀に加担していたことから自殺を命じられた。16〜17世紀のフランドルの画家ルーベンスは、セネカが友人たちに囲まれ、血管を切り開いて死のうとしている様子を「セネカの死」という作品に描いている。

つまり、本書は、怒りという怪物によって翻弄され続け、ついには命を落とした悲劇の人の記録でもある。暴君が怒りのままに行動するとき、あるいは、1つの国家が怒りによって突き動かされ、戦争に走るとき、どれほど大きな損害が発生し、悲劇が生まれるか、彼は具体例を挙げながら説明している。

セネカはまた、こうも書いている。

「いかなる災厄であっても、怒りほどひどい損害を人類に与えたものはない」

国家が怒りによって行動し、損害を被った側が報復し、報復の連鎖から戦争が始まれば、被害は拡大する一方になる。それを考えると、怒りを抑えることの必要性、そしてその努力の尊さが理解できる。

本書は、セネカの『怒りについて（De Ira）』を、わかりやすい英語を用いて再編集・翻訳した『How to Keep Your Cool: An Ancient Guide to Anger Management』を日本語に訳したものである。

プリンストン大学出版局（Princeton University Press）より「Ancient Wisdom for Modern Readers（哲人に学ぶ人類の知恵）」シリーズの1冊として刊行された。

HOW TO KEEP YOUR COOL

by Seneca, selected, translated and introduced by James Romm

Japanese translation published by arrangement with Princeton University Press

through The English Agency (Japan) Ltd.

著者

セネカ（Seneca）

ルキウス・アンナエウス・セネカ（Lucius Annaeus Seneca）。紀元前4年頃（紀元前1年とも）〜紀元65年。古代ローマのストア派の哲学者。父親の大セネカ（ルキウス・アンナエウス・セネカ）と区別するため、小セネカ（Seneca the Younger）とも呼ばれる。ローマ帝国の属州ヒスパニア・バエティカ属州の州都コルドバで生まれ、カリグラ帝時代に財務官として活躍する。クラウディウス帝時代に入り、一度はコルシカ島に追放されるも、復帰を果たし、後の皇帝ネロの幼少期の教育係および在位期の政治的補佐をつとめる。やがて制御を失って自殺を命じることとなるネロとの関係、また、カリグラ帝の恐怖の治世といった経験を通じて、数々の悲劇や著作を記した。本書はそのなかでも「怒り」という感情の恐ろしさや影響力、コントロールの仕方について説いた作品『怒りについて（De Ira）』がもとになっている。

編者

ジェイムズ・ロム（James Romm）

バード大学のJames H. Ottaway Jr. 古典学講座教授。本書の編者および原書英訳者であり、『セネカ 哲学する政治家（Dying Every Day: Seneca at the Court of Nero）』（白水社）の著者でもある。New York Review of Booksや、Wall Street Journalなどにも寄稿してきた。ニューヨーク州バリータウン在住。

訳者

舩山むつみ（ふなやま・むつみ）

テレビ局勤務、新聞社の翻訳者、外国公務員を経て、フリーランス翻訳者。訳書に『25年目の「ただいま」』（静山社）、『背教のファラオ アクエンアテンの秘宝』（河出書房新社）など。全国通訳案内士（英語・中国語・フランス語）。

2000年前からローマの哲人は知っていた
怒らない方法

2020年6月9日　第1刷発行

著　者	セネカ
編　者	ジェイムズ・ロム
訳　者	舩山むつみ
装　丁	重原隆
本文デザイン	高橋明香（おかっぱ製作所）
校　正	株式会社ぷれす
翻訳協力	株式会社アメリア・ネットワーク
編　集	平沢拓・関美菜子（文響社）
カバー写真	©StephenChung/Shutterstock.com
発行者	山本周嗣
発行所	株式会社文響社 〒105-0001 東京都港区虎ノ門2-2-5 共同通信会館9F ホームページ　https://bunkyosha.com お問い合わせ　info@bunkyosha.com
印刷・製本	中央精版印刷株式会社

ISBN978-4-86651-228-0

この本に関するご意見・ご感想をお寄せいただく場合は、郵送またはメール（info@bunkyosha.com）にてお送りください。